ZIG ZIGLAR

Lo que aprendí en el camino hacia el éxito

VS Ediciones

1ª edición, Abril 1999

Copyright © 1998 by Zig Ziglar, 3330 Earhart, Ste. 204, Carrollton, Texas 75006-5026, U.S.A. and first publication of the traslated work.

Originally published in English by Honor Books, P.O. Box 55388, Tulsa, Oklahoma, 74155, USA, under the title «What I Learned on the Way to the Top» by Zig Ziglar.

Spanish Copyright © 1999 VS Planning System, S. L.
          Almórida, 10 - 03203 Elche
          Telef. 900-712239

Traducción: Elena Martín Lozano

ISBN: 84-923728-9-3
Depósito legal: A-409-1999

Impreso en España - Printed in Spain
Gràfica Punt i Ratlla, S. Coop. V. - Elche

Available in other languages from Access Sales International (ASI)
P.O. Box 700143, Tulsa, OK 74170-0413 USA
Fax Number 918-496-2822

La primera línea del Éxito.

En todo lo que hagas, piensa en Dios, y El te guiará en tus caminos y coronará tus esfuerzos con éxito.
Proverbios 3:6.

La primera línea del éxito es ésta: agradar a Dios. El éxito verdadero, la clase de éxito que agrada a Dios puede medirse en ocho áreas cruciales de la vida: felicidad, salud, dinero, seguridad emocional, calidad de tus amistades, relaciones familiares, tu sentido de la esperanza y una total tranquilidad de espíritu.

He escrito este libro con historias y con retos que te animarán e inspirarán para superarte en aquellas áreas de tu vida que más te importan.

Estas meditaciones están diseñadas para permitir una fácil comprensión. Con ellas añadirás algo importante a tu devocional lectura matutina, tu descanso para el almuerzo, o tu tiempo de relax al final del día. Sólo te llevará unos minutos leerlas, pero la verdad que tú descubrirás puede impactarte para toda la vida.

Además de mis propios escritos, he incluido citas de algunas de las grande personas que me han motivado. Confío en que te inspiren a tí de la misma manera.

¡Ten ánimo! ¡Sé desafiante! ¡Sé dichoso! ¡Ten éxito!
¡Sigue tu camino hacia la cima!

Zig Ziglar.

Cuando hacemos más de lo que nos pagan por hacer, al final se nos pagará más por lo que hacemos.

Todo lo que hagáis, hacedlo de corazón, como obedeciendo al Señor y no a los hombres.
Colosenses 3:23.

Trabajando de joven en una tienda de ultramarinos, conocí al chico que trabajaba en la tienda que había al otro lado de la calle. En aquellos años de depresión, la mayoría de tiendas, con grandes necesidades financieras, tenían un stock muy limitado.

Por supuesto, esto con frecuencia hacía que hubiera escasez de productos, y en estos casos los comerciantes simplemente tomaban artículos prestados unos de otros.

Charlie Scott era el "mensajero" de la tienda que había al otro lado de la calle. Recuerdo incontables ocasiones en las que Charlie tras una carrera a muerte, golpeaba nuestra puerta de entrada y le gritaba al propietario de nuestro comercio, "¡Señor Anderson, necesito que me preste seis botes de tomate!". El señor Anderson siempre respondía, "Bien, ve a cogerlos Charlie. Ya sabes donde están." Charlie corría a la estantería, cogía los artículos que necesitaba, rápidamente los depositaba en el mostrador, garabateaba su nombre en un papel donde estaba escrito todo lo que se llevaba y salía corriendo.

Un día, le pregunté al señor Anderson por qué Charlie Scott siempre iba corriendo a todas partes. El me respondió que Charlie Scott estaba trabajando para conseguir un aumento de sueldo, y que iba a conseguirlo. Entonces le pregunté como sabía que Charlie iba a conseguir un aumento, y el señor Anderson me respondió que si el hombre para el que trabajaba no se lo daba, él mismo se lo daría.

Mantener la actitud

correcta es más fácil

que recobrar la

actitud correcta.

*Sed diligentes sin flojedad,
fervorosos de espíritu, como
quienes sirven al Señor. Vivid
alegres con la esperanza,
pacientes en la tribulación,
perseverantes en la oración.*

Romanos 12:11-12.

Veamos cinco actitudes de la vida. La primera es la autoestima. Es el modo en que nos sentimos acerca de nosotros mismos. Ese sentimiento hacia nuestro propio valor influirá en cada faceta de nuestra vida.

La segunda actitud es el amor, que es nuestra actitud hacia los demás. El amor – el verdadero amor – siempre piensa en términos de lo que es mejor para la otra persona.

La tercera actitud es la fe. La fe es tu actitud hacia Dios. Influirá en tus actitudes hacia tu prójimo y los miembros de tu familia.

La cuarta actitud es la esperanza, que es tu actitud hacia el futuro. Alfred Adler, el psiquiatra, dijo, "La esperanza es la calidad fundacional de todo cambio, y es el gran activador. Hace que la gente se mueva hacia un objetivo. La esperanza es la expectación realista de que algo bueno va a ocurrir."

La quinta actitud es el perdón, que tiene que ver con tu pasado. Tu capacidad de perdonar a otros por sus malas acciones tendrá una tremenda relación con tu futuro. La persona que te hizo daño en el pasado esta impactando negativamente tu presente, e influirá negativamente en tu futuro si no le perdonas. El perdón es la más sabia elección.

¡Conserva estas cinco actitudes en tu vida, y caminarás correctamente en tu camino hacia la cima¡

Cuando te diriges a

Dios, descubres que

Él ha estado frente a

tí todo el tiempo.

Los ojos de Dios miran a los justos, y sus oídos a sus oraciones.

1 Pedro 3:12.

Un estudio reciente reveló que el 96% de los americanos creen en Dios, el 90% dicen que rezan, y el 41% dicen que asisten a actos religiosos al menos una vez a la semana o casi todas las semanas. Estas cifras son casi idénticas a un estudio realizado en 1947, con la única excepción de que el porcentaje de aquellos que creen en Dios ha subido un 1%.

Interpretación: 105 millones de americanos asisten a oficios religiosos cada semana. Estos son más que los que asisten a los principales partidos de la liga de beisbol, más todos los partidos de la liga nacional de fútbol, más todos los partidos de la liga nacional de baloncesto durante todo el año. ¿Necesito recordarte que prácticamente todos los periódicos dedican una sección entera a lo que está ocurriendo en el mundo del deporte? En cambio, el año pasado solamente aparecieron 287 historias de importancia en los medios de comunicación nacionales sobre lo que ocurría en las vidas de las personas de fe.

Por favor, no me malinterpretéis. Yo soy un ávido aficionado de los deportes, pero, ¿cuántos espectadores han visto cambiar sus vidas por el hecho de haber estado en un partido y en cambio, a cuántas personas les ha cambiado su vida en un acto religioso?

Me pregunto que ocurriría si todas las personas que asisten a un acto religioso cada semana escribieran al editor de sus periódicos una carta, sugiriéndole que diera más cobertura a su fe.

Los hombres geniales son admirados. Los hombres ricos son envidiados. Los hombres poderosos son temidos, pero sólo los hombres de carácter son de confianza.

Arthur Friedman.

Escoge de entre todo el pueblo a hombres capaces y temerosos de Dios, íntegros, enemigos de la avaricia, y constitúyelos sobre el pueblo como jefes.

Exodo 18:21.

Hace varios años, estaba dando una conferencia en una escuela de artes y oficios a la que asistían varios cientos de estudiantes. Al principio, aproximadamente un tercio de los estudiantes estaba escuchando atentamente. Los otros dos tercios estaban o bien leyendo, o fingiendo dormir.

La televisión local se había enterado de que yo daría la conferencia en la escuela y enviaron a un equipo de cámaras para grabar algunas tomas. Caminaron por el pasillo de la izquierda, se acercaron al escenario, se pusieron detrás de mí, y comenzaron a filmar al conjunto entero de estudiantes mientras escuchaban mi exposición.

Un interesante fenómeno tuvo lugar en ese momento. El cien por cien de los estudiantes repentinamente se pusieron alerta, se sentaron erguidos y se mostraron enormemente atentos. El foco estaba sobre ellos.

De muchas maneras, el foco está siempre sobre todos nosotros en lo que respecta a nuestra moral, ética y responsabilidades. No dejemos que nos coja desprevenidos. Dirigiendo nuestra vida como si la cámara estuviera encendida y el micrófono abierto, estaremos viviendo con integridad. La imagen que tenemos de nosotros mismos estará basada en el carácter y no en la hipocresía. No tendremos que explicar ni disculparnos mañana por lo que hemos hecho hoy.

Supera a tu maestro

y haz caso al

emprendedor

que llevas dentro.

El justo, siete veces cae y se levanta; pero el impío sucumbirá en la desventura.

Proverbios 24:16.

Algunas veces, pequeñas irritaciones, fallos, y fracasos que aparecen en nuestro camino, no hacen que se hunda el mundo o que cambie nuestra vida, pero causan un parón en nuestro progreso. Algunas veces, permitimos que estos pequeños incidentes permanezcan demasiado tiempo y nos den problemas más allá de su significado. Digamos que estás atrapado en una de estas situaciones, y de momento no estás preocupado pero tampoco estás exactamente en el séptimo cielo. Como resultado, tú sabes que no eres tan jovial o tan productivo como te gustaría ser, de modo que quieres quitártelo de encima. ¿Qué puedes hacer?

Primer paso: Reconoce que estás en disposición cobarde. No tienes ganas de hacer nada.

Segundo paso: Reconoce que este cambio momentáneo de pensamientos positivos a "pensamientos negativos" no es permanente, ni siquiera amenaza tu vida, por lo tanto no será fatal. A la larga llegará a su fin, por lo tanto en vez de esperar un cambio de circunstancias que acabe con tu desazón, ¡toma una decisión consciente y acaba tú mismo con ella! Esto querrá decir que una vez más has aceptado la responsabilidad de mejorar tu situación. Cuando hayas aceptado esa responsabilidad, tu situación cambiará y habrás convertido una pequeña tragedia en un gran triunfo.

El lugar desde donde empiezas no es tan importante como el lugar en el que acabas.

Dios hace concurrir todas las cosas para el bien de los que le aman, de los que según sus designios son llamados.

Romanos 8:28.

9401 OLD GEORGETOWN ROAD
BETHESDA, MD 20814
(301) 530-3725

YMCA OF METROPOLITAN WASHINGT
1625 MASSACHUSETTS AVE., N.W., SUI
WASHINGTON, D.C. 20036
ATTN: ACCOUNTING OFFICE

CHECK REQUISITION
PAYABLE TO:

Columbia Heights
Youth Soccer Club
1419 Columbia Rd., NW
Washington, DC 20009

F U N D	BRANCH NO.	FUNCTION NO.	P.C.S. (For Acctng)	OBJECT ACCT. NO.	AMOUNT	D
1	220	13	0800	3590	$920—	Regis
	220				$	2 Bt
	220				$	in S
	220				$	
					$	
					$	
					$	

EWMBA

PAUL ORNSBY FROM B-ee

RETURNED YOUR CALL.

Rob

Sólo en caso de que tengas indicios del mal de
PDM ("Pobre De Mí") y estés diciendo, "Pero, Zig, tú
no sabes nada sobre mi pasado," entonces tengo una
idea mejor para ti. En vez de explicar por qué no fun-
cionará contigo, déjame contarte como ha funcionado
con otros.

Un estudio de trescientos líderes a nivel mundial,
incluyendo a Franklin D. Roosevelt, Sir Winston
Churchill, Clara Barton, Helen Keller, Mahatma
Gandhi, la Madre Teresa, el doctor Albert Schweitzer, y
Martin Luther King, Jr., reveló que el 25% de ellos
tenían serias discapacidades físicas y un 50% más
habían sido maltratados en su niñez o habían crecido
en la pobreza.

Estos líderes mundiales respondieron (positivo) en
vez de reaccionar (negativo) a lo que les ocurría.
Recuerda, no es lo que te ocurre; es el modo en que
tu manejas lo que te ocurre lo que va a marcar la diferencia en tu vida.

El padre de Neil Rudenstein era un guardia de prisión
y su madre era camarera a tiempo parcial. Hoy, el doctor Neil Rudenstein es el director de la Universidad
de Harvard. El dice que aprendió muy pronto en la
vida que hay una relación directa entre la actuación y
la recompensa. Rudenstein y los trescientos líderes
mundiales aprendieron personalmente que no es el
lugar desde el que empiezas lo que importa – es el
lugar donde terminas.

Estas ocho palabras
– *si ha de ser, me*
incumbe a mi –
son absolutamente
válidas. La solución
es hacerlo ya.

Los dones y la vocación de Dios
son sin arrepentimiento.
Romanos 11:29

Una razón por la que la gente no desarrolla ni utiliza su talento es la negación. Mucha gente encuentra adecuado negar su talento. Después de todo, si niegan sus talentos, entonces quizás puedan convencer a otros de que realmente no tienen nada que ofrecer.

Una segunda razón por la que la gente no utiliza su talento es la postergación. Ellos van a utilizarlo en un futuro inexistente en la Isla de Algún Día ("algún día yo..."), la cual es una isla inexistente. La postergación es el mayor mecanismo para ahorrarse trabajo jamás ideado.

Pienso que el miedo (cuyo opuesto es la fe) es la tercera razón para no usar nuestro talento. Mucha gente no entiende que el fracaso es un suceso y no una persona, por tanto deciden "jugar a lo seguro" y no hacer nada en absoluto.

La cuarta razón por la que la gente no utiliza su talento es la irresponsabilidad. Ellos encuentran más cómodo culpar a otras cosas o a otras personas de sus fracasos.

Algunas de las palabras más tristes que tú habrás oído alguna vez son "que podría haber hecho". La oradora Vicki Hitzges lo explica de un modo único y diferente cuando dice, "Pensarás en el pasado y dirás "ojalá hubiera" o "estoy encantado de haberlo hecho".Tú tienes la decisión.

El amor no es la base
del matrimonio; el
matrimonio es la base del
amor. Ser amado es la
segunda mejor cosa del
mundo; amar a alguien
es la primera.

El amor es benigno; no es envidioso, no es jactancioso, no busca lo suyo, no se irrita, no piensa mal.
1 Corintios 13:4-5.

Lista de control para el verdadero amor diario.

¿Dije palabras de amor a mi compañero/a hoy?

¿Actué con amor hacia mi compañero/a hoy?

¿Fui paciente con mi compañero/a hoy?

¿Fui amable con mi compañero/a hoy?

¿Fui celoso o envidioso de mi compañero/a hoy?

¿Fui soberbio o jactancioso hacia mi compañero/a hoy?

¿Fui egoísta u ofensivo hacia mi compañero/a hoy?

¿Fui exigente con mi compañero/a hoy?

¿Estuve irritable o susceptible con mi compañero/a hoy?

¿Fui rencoroso hacia mi compañero/a hoy?

¿Me alegré cuando la verdad triunfó con mi compañero/a hoy?

¿Fui leal hacia mi compañero/a hoy?

¿Creí y esperé lo mejor de mi compañero/a hoy?

¿Utilicé todas mis fuerzas hacia mi compañero/a hoy?

¿Mantuve mi fe hacia mi compañero/a hoy?

¿Encontré esperanza en mi compañero/a hoy?

¿Amé a mi compañero/a hoy?

¿Comprendí que la fuerza más grande es el amor?

El perfil de una persona rica es este: trabajo duro, perseverancia y por encima de todo auto-disciplina.

¿Has visto a uno solícito en sus cosas? Pues ante los reyes estará, no quedará entre la gente oscura.
Proverbios 22:29.

La encuesta de Louis Harris sobre personas que ganaban más de 142.000 dólares al año y tenían un patrimonio neto de alrededor de medio millón de dólares sin incluir sus casas, describía a estas personas de éxito como nada excitables, de mediana edad y prudentes. Ellos enfatizaban los valores familiares y la ética del trabajo. El 83% de ellos estaban casados. El 96% consiguieron su riqueza mediante trabajo duro, lo que significa que se negaron a sí mismos una gratificación inmediata para conseguir más tarde lo que realmente querían. El 80% eran políticamente conservadores o moderados, y eran relativamente poco materialistas.

En otras palabras, sus metas iban más allá del dinero. El 85% decían que su principal objetivo era dar bienestar a su familia (esa es una actitud de responsabilidad). Sólo un 11% valoraron muy alto en su lista de deseos el poseer un coche caro. Los distintivos del éxito no les importaban tanto como su familia, educación y sus negocios o trabajo – no tantas exaltaciones pero sí mucha felicidad. Tenían un buen nivel de vida pero, infinitamente más importante, tenían una excelente calidad de vida.

Persistencia, consistencia, disciplina y trabajo duro (todas son técnicas aprendidas) hicieron la diferencia. Sus vidas parecían estar en equilibrio.

Recuerda: el queso "gratis" esta en una ratonera.

Mientras estuvimos con vosotros, os advertíamos que el que no quiera trabajar no coma.
2 Tesalonicenses 3:1.

Hace años Paul Harvey describió como los esquimales en el Polo Norte mataban a los lobos. Cogían un cuchillo afilado, lo bañaban en sangre y lo congelaban. Después, enterraban el mango del cuchillo en la congelada tundra con la cuchilla hacia fuera. Los lobos atraídos por el olor a sangre, iban a lamer la cuchilla. El frío entumecía la lengua de los lobos y para cuando llegaban a la cuchilla ignoraban que estaban lamiendo un objeto afilado. Según sangraban, lamían aún más rápido hasta que finalmente morían desangrados.

En cierto modo. Paul Harvey estaba describiendo el modo en que mucha gente joven es atraída hacia la trampa de las drogas y el alcohol. Al principio, algo de drogas y alcohol hacen que la persona se sienta mejor y disfrute de esta sensación. Sin embargo, después de unos cuantos "viajes" con esas drogas y alcohol, empiezan a perder el sentido de la perspectiva y las drogas tienen menos y menos efectos sobre ellos. Esto les conduce a abandonarse a drogas más fuertes, más potentes – y él o ella están "enganchados".

De modo bastante interesante, el lobo y el adicto a las drogas tienen otra cosa en común. Ambos quieren la misma cosa – dar poco o nada y recibir mucho. Una formula más productiva es dar mucho y recibir mucho a cambio.

Infunde esperanza

a la gente.

Que el Dios de la esperanza os llene de cumplida alegría y paz en la fe para que abundéis en esperanza por la virtud del Espíritu Santo.

Romanos 15:13.

El sábado 3 de Mayo de 1997, tuve el privilegio de asistir a unas pruebas de los Juegos Paralímpicos con mi familia. Nuestra nieta, Elizabeth, participaba en dos carreras y ganó una medalla de plata y otra de oro. Estaba emocionada.

La ceremonia de apertura, el colorido de los guardias, los discursos, el jefe de ceremonias, el saludo a la bandera, la "Bandera Centelleada de Estrellas", las actuaciones de un equipo de gimnasia, todo era espectacular. Sin embargo, el espectáculo más vivo fue el desfile inicial. Muchas emociones se manifestaron allí, pero la principal fue el absoluto deleite de tantos atletas; sus sonrisas, sus saltos arriba y abajo, el modo en que se abrazaban unos a otros, y el entusiasmo que manifestaban.

El jefe de ceremonias nos recordó que hace solamente treinta años los "expertos" creían que ninguna persona mentalmente atrasada sería capaz nunca de nadar la longitud de una piscina olímpica o de correr una milla. Pero hizo correctamente la observación de que ellos no habían medido el corazón o el alma de estos atletas.

Pregunta: ¿Qué ocurriría si todos nosotros utilizáramos el mismo porcentaje de nuestra capacidad que utilizan estos atletas especiales de la suya?. Ver la entrega de los atletas dio esperanza a todos los presentes ese día.

Recuerda, aquellos que dan esperanza a otros, generalmente se llenan de esperanza a sí mismos.

Si un niño vive

con elogios, aprende

a apreciar.

Dorothy Nolte.

Don de Yavé son los hijos; es merced suya el fruto del vientre.

Salmos 127:3.

Los niños viven lo que aprenden.
Si un niño vive con crítica,
Aprende a censurar.
Si un niño vive con hostilidad,
Aprende violencia.
Si un niño vive con el ridículo,
Aprende a ser tímido.
Si un niño vive con vergüenza,
Aprende a sentirse culpable.
Si un niño vive con ánimo,
Aprende confianza.
Si un niño vive con elogios,
Aprende a apreciar.
Si un niño vive con imparcialidad,
Aprende justicia.
Si un niño vive con seguridad,
Aprende fe.
Si un niño vive con aprobación,
Aprende a gustarse a sí mismo.
Si un niño vive con aceptación y amistad,
Aprende a amar el mundo.

Dorothy Law Nolte.

La escalera del Éxito funciona como cualquier otra escalera. Muy pocos la han subido con las manos en los bolsillos.

El que cultiva su tierra tendrá pan a saciedad, pero el que se va tras las cosas vanas está falto de cordura.

Proverbios 12:11.

La final del Campeonato Amateur de Golf de los
Estados Unidos de 1997 fue uno de los más excitantes
y dramáticos acontecimientos del año. Los finalistas
eran Steve Scott y Tiger Woods. En el green dieciocho,
el último hoyo, Steve llevaba un punto de ventaja y le
tocaba lanzar. La pelota de Tiger estaba en la línea de
lanzamiento de Steve, por tanto Tiger situó su pelota a
una distancia y lo señaló. Steve Scott lanzó y erró el
tiro.

Tiger cuidadosamente rodeó el green, vio cualquier
posible ángulo y se disponía a lanzar cuando Steve le
recordó que no había puesto la pelota en su lugar original. Tras hacer la corrección, Tiger embocó el lanzamiento, y se llegó a "muerte súbita", la cual fue ganada
por Tiger Woods.

Esta es la razón por la que Steve Scott es un maravilloso modelo de actuación. Si él no hubiera recordado a
Tiger que éste no había puesto la pelota en su lugar, y
Tiger hubiera lanzado el tiro, habría sido penalizado
con dos golpes y habría perdido el campeonato.

Esto es lo que hace que una persona sea ganadora a la
larga. Eso fue deportividad e integridad personificada.
Aunque Steve perdió el campeonato, ganó algo infinitamente más importante – autorespeto y la admiración de millones de golfistas en todo el mundo. Eso es
un modelo de actuación en acción.

No es lo que te ocurre lo que determina hasta donde llegas en la vida; es lo que tu haces con lo que te ocurre.

Mas en todas estas cosas, vencemos por aquel que nos amó.
Romanos 8:37.

Uno de los hombres más destacables que yo he conocido jamás es Charlie Wedemeyer. Charlie entrenó al equipo de fútbol "Los Gatos" del instituto de enseñanza superior, en el único campeonato estatal que ganaron. Recuerdo el día que asistí a una sesión de entrenamiento con Charlie y su equipo. El y yo, estábamos manteniendo una larga conversación desde la línea lateral mientras periódicamente un entrenador asistente corría hacia nosotros y le hacia preguntas.

Sin dudar, Charlie, que había estado observando atentamente el entrenamiento durante nuestra conversación, le daba las pautas que debía seguir.

Lo asombroso es que las únicas partes de su cuerpo que él puede mover son sus ojos y su boca. Charlie Wedemeyer sufre de la enfermedad de Lou Gehrig. Su esposa Lucy, es su intérprete. Ella lee sus labios y con gran eficacia transmite el mensaje.

Charlie tiene la más destacable actitud y el mayor sentido del humor que creo haber visto. Aunque tiene dificultades para viajar, frecuentemente da conferencias en colegios, empresas, cárceles e iglesias. Tiene algo que decir, y Lucy lo verbaliza a la audiencia. Podría ser el único orador de América que no puede hablar. No hace falta decir, que su vida y su esposa comunican un poderoso mensaje de esperanza, amor y espíritu de "nunca abandones". Ambos tienen pasión para marcar la diferencia.

Harás desgraciado a cualquiera, pero tú eres el mejor "tú" que existe. Tú eres el único que puede utilizar tu talento. Es una responsabilidad impresionante.

Te alabaré por el maravilloso modo en que me hiciste. ¡Admirables son tus obras! Del todo conoces mi alma.

Salmos 139:14.

A finales del siglo pasado, cerca de la ciudad de Beaumont, Texas, un terrateniente se vio obligado a vender porciones de sus tierras para poder alimentar a su familia. Más tarde, una compañía petrolífera le comunicó que podía haber petróleo en su propiedad y le ofreció pagarle unos derechos si les permitía perforar. El terrateniente aceptó porque no tenía nada que perder.

Cuando la perforadora llegó al petróleo, éste destruyó la grúa de madera y organizó un gran revuelo. Antes de que pudieran tapar el pozo, varios cientos de miles de barriles de petróleo habían brotado ya. Ese fue el descubrimiento de "Spindletop", el pozo petrolífero individual más productivo de la historia.

El terrateniente se hizo multimillonario al instante- ¿o no? La respuesta real es "no". Podemos ver que había sido multimillonario desde que era poseedor de su propiedad. Desafortunadamente, él no tenía conocimiento de este hecho, y consecuentemente no saco provecho de ello.

Es una convicción mía personal, que dentro de todos nosotros hay una increíble habilidad y talento, mucho del cual nunca llegamos a reconocer y utilizar. Mi sugerencia es simple: Infórmate acerca de ti mismo. Reconoce, desarrolla y utiliza lo que tienes. Quien sabe – quizás hay un "Spindletop" debajo. Ciertamente no tienes nada que perder si haces una pequeña perforación y exploras. ¿Quién sabe lo que podría salir a la superficie?

El padre que verdaderamente tiene una buena imagen de sí mismo comprende que el verdadero amor exige que ellos hagan lo mejor para sus hijos.

Ninguna corrección parece por el momento agradable, sino dolorosa; pero al fin ofrece frutos apacibles de justicia a los ejercitados por ella.

Hebreos 12:11.

Esta mañana escuché una conversación fascinante entre un padre y un presentador en un programa de entrevistas. El padre decía que a sus dos hijos pequeños se les había dado un toque de atención porque habían llegado tarde al colegio nueve veces en los últimos sesenta días.

Se llamó a un consejo familiar y todos ellos (incluido el padre) aceptaron la completa responsabilidad en cada una de sus partes. Los padres explicaron que cada mañana, exactamente a las 7:30 saldrían de casa hacia el colegio. Si los niños no estuvieran preparados recogerían todo lo que tuvieran que ponerse y se dirigirían al coche. Cuando llegaran al colegio saldrían del coche y entrarían al colegio bien llevaran los zapatos puestos o no.

Los padres aceptaron su responsabilidad de levantar a los niños con tiempo suficiente para vestirse y desayunar.

Llegar al colegio a tiempo enseña a la familia entera a aceptar una responsabilidad, pero especialmente a los dos niños pequeños. Si se les hubiera permitido continuar llegando tarde y mostrar un comportamiento irresponsable, se podría haber establecido un patrón negativo. El profesor que denunció su comportamiento, los padres que aceptaron la responsabilidad y los dos niños van a ser ganadores Esto es un modo ganador de enfocar la vida.

Para un niño, amor se deletrea t-i-e-m-p-o.

Llevarás muy dentro del corazón todos estos mandamientos que yo hoy te doy. Incúlcaselos a tus hijos, y cuando estés en tu casa, cuando viajes, cuando te acuestes, cuando te levantes, habla siempre de ellos.

Deuteronomio 6:6-7.

Un joven iba a ser condenado a prisión. El juez le había conocido desde su infancia y conocía bien a su padre, un famoso erudito de la abogacía. "¿Recuerdas a tu padre?" le preguntó el magistrado. "Le recuerdo bien Señor Juez".

Luego, intentando indagar en la conciencia del infractor, el juez dijo, "Ya que estás a punto de ser condenado y ya que te acuerdas de tu padre, ¿cuál es el recuerdo más claro que tienes de él?"

"Recuerdo cuando fui a él en busca de consejo, me miró por encima del libro que estaba escribiendo y dijo, "¡Vete chico; estoy ocupado!" Cuando fui en busca de compañía, me echó diciendo, "Déjame hijo, debo acabar este libro!". Señor Juez, usted le recuerda como un gran abogado. Yo le recuerdo como un amigo perdido." El magistrado murmuró para sí mismo, "¡Alas! Acabaste el libro, pero perdiste al chico."

La adicción al trabajo en la vida parece estar creciendo en popularidad. Por extraño que parezca el adicto al trabajo es perezoso. Requiere un esfuerzo y un riesgo considerablemente mayores aprender a comunicarse con el cónyuge. Y requiere una energía considerablemente mayor para el adicto al trabajo aprender a jugar, a relacionarse y a comunicarse con un niño en su nivel emocional.

Tengo que decir "no" a lo bueno para poder decir "si" a lo mejor.

La gimnasia corporal es de poco provecho; pero la piedad es útil para todo y tiene promesas para la vida presente y futura.

Timoteo 4:8.

Me encanta comer en los restaurantes de autoservicio, especialmente en aquellos que están dispuestos de manera que puedes ver lo que se te ofrece antes de llegar al lugar donde te sirves. Hace varios años la Pelirroja (mi esposa) y yo fuimos a un restaurante nuevo, y tuvimos la oportunidad de evaluar cuidadosamente lo que se nos ofrecía. Esto me permitió moverme rápidamente a lo largo de la línea de servicio diciendo a las personas que había tras el mostrador que me dieran un poco de esto, esto y esto. Esto es muy importante, porque sin importar lo hambriento que estés, tú no puedes comer un poco de todos los platos que se te ofrecen allí.

Yo quería elegir las comidas que, no sólo estuvieran buenas, sino que fueran buenas para mí. En resumen, tenía que pasar por delante de mucha comida buena para finalmente elegir la mejor.

Ese es el paralelismo entre el expositor de la vida y el expositor de la comida. En la vida, simplemente no podemos ser, hacer ni tener todo lo que hay en este enorme y maravilloso mundo nuestro. Necesitamos elegir, y las elecciones que hacemos finalmente determinaran el éxito que tendremos en las ocho facetas cruciales de nuestra vida: felicidad, salud, paz, prosperidad, seguridad, amistad, familia y esperanza. Está en nuestras manos elegir lo mejor y pasar por alto lo bueno.

Mermamos los recursos naturales de la naturaleza agotándolos. Mermamos los recursos naturales del hombre fracasando al utilizarlos.

El que había recibido un talento se fue, hizo un hoyo en la tierra y escondió el dinero de su amo.

Mateo 25:18.

El pequeño Johnny era un "torbellino". Un viernes por la tarde su profesora dijo a la clase, "Alumnos, si alguno de vosotros vive algún acontecimiento inusual este fin de semana, por favor, recordadlo para contarlo el lunes por la mañana".

El lunes por la mañana, el pequeño Johnny se sentó en su pupitre temblando de excitación. El profesor dijo, "Johnny, parece que algo emocionante te ha ocurrido este fin de semana".

Con entusiasmo, Johnny dijo, "Mi padre y yo fuimos a pescar y capturamos setenta y cinco bagres, y todos ellos pesaban setenta y cinco libras." La profesora dijo, "Vamos Johny, sabes que simplemente eso no ocurrió". Johnny respondió, "Sí señora, ocurrió".

"Bien, Johnny, si yo te dijera que de camino al colegio esta mañana de repente un oso pardo apareció en frente de mí y estuvo a punto de agarrarme, cuando de pronto un pequeño perro amarillo salió de algún sitio, saltó, agarró al oso pardo de la nariz, le rompió el cuello, y lo mató, ¿me creerías?

Johnny animosamente respondió, "Sí, señora, seguro que lo creería. De hecho, ¡ese es mi perro!".

Nuestra imaginación nos da soluciones creativas a muchos problemas, por tanto animemos a nuestros hijos a utilizar su imaginación creativa en la vida.

Parece una verdad universal que las personas que siguen una dirección en sus vidas llegan más lejos, más rápidamente y consiguen más logros en todas las facetas de sus vidas.

Sin profecía el pueblo va desenfrenado, pero el que guarda la Ley, dichoso él.

Proverbios 29:18.

Andrew Gardner, ayudante y vicepresidente de Merrill Lynch, dice que ellos tienen como clientes a un gran número de hombres y mujeres de todas las esferas que ganan unos 100.000$ al año. Ellos son diferentes en muchos aspectos. La única cosa que tienen en común es el hecho de que en cualquier momento del año, cuando se les pregunta en que situación están con respecto a sus objetivos, ninguna de estas personas con ingresos de 100.000$ al año puede decir con precisión cuales son sus logros hasta la fecha.

Es un hecho de la vida que cualquiera necesita saber donde se encuentra, así como de que manera llegar a donde quiere ir. David G. Jensen, de la Escuela de Medicina de Ucla hizo un estudio sobre la gente que asistía a los seminarios públicos que yo dirijía. Dividió a estas personas en dos grupos: Aquellos que establecían metas y desarrollaban un plan de acción para alcanzarlas, y aquellos que no realizaban ninguna acción específica para establecer sus objetivos.

Los que establecían sus metas ganaban como media al mes dos veces más que el grupo inactivo. No es sorprendente el hecho de que el grupo activo tendía a ser más entusiasta, más satisfecho con la vida y el trabajo, más feliz en su matrimonio y en general su salud era mejor. Todo esto ayuda a saber hacia donde vamos.

Cuando divides tus objetivos en sus etapas y empiezas a controlar tu tiempo, las cosas empiezan a ocurrir.

Enséñanos, pues, a contar nuestros días para que lleguemos a tener un corazón sabio.
Salmos 90:12.

Quizás la mayor ventaja de tener un programa de objetivos es la libertad que conlleva tener una dirección a seguir. Cuando tus metas están claramente definidas e inteligentemente establecidas, tú, esencialmente has dado un paso importante para programar tu parte izquierda del cerebro. Esto libera tu parte derecha para tener su mejor creatividad.

La mejor analogía que puedo darte es el atleta entregado, con un magnífico estado físico que es tan disciplinado y está tan comprometido con los fundamentos del juego que él o ella es libre para desarrollar su mayor creatividad.

Michael Jordan, por ejemplo, se enfrenta a muchas nuevas situaciones en cada partido que juega. Como Michael es tan consciente de los fundamentos, él, con su magnífica destreza atlética, puede ser creativo de manera que maneja cada situación realmente complicada que surge.

La misma situación nos ocurre a todos nosotros. Sólo con disciplina, los médicos, los estudiantes y la gente como tú y yo tienen la libertad de realizar su mejor actuación en cada momento. Cuando somos fundamentalmente sólidos con una base moral, unos valores éticos de trabajo, un programa de objetivos en el que enfocarse, y una actitud optimista para buscar soluciones a los problemas con la esperanza de encontrarlos, entonces liberamos la parte derecha creativa del cerebro para hacer exactamente eso.

En el kilómetro es una adversidad, pero en el centímetro es muy fácil.

No hay más que precepto sobre precepto, sobre precepto, regla sobre regla, regla sobre regla, un poco aquí, un poco allá.

Isaías 28:10.

James Bostick tenía seis años y una intensa aversión por el colegio, no le gustaba su profesor, y estaba sacando malas notas. Lloraba por las noches, sufría pesadillas y las charlas padre-profesor eran habituales para su madre, Laura.

A lo largo de estos acontecimientos, los padres de James se divorciaron, y Laura empezó a tomar clases sobre el desarrollo de las cualidades del éxito. Se dio cuenta que los ingredientes que faltaban en el proceso de aprendizaje de James eran las cualidades de la honestidad, entusiasmo, pensamiento positivo y respeto – las cualidades que, en general, hacen al individuo más agradable y más afortunado. Laura comenzó a enseñar a su hijo el significado de estas técnicas.

Además, recortó pequeños círculos de papel en los que se leía "*YO PUEDO*", y los utilizaba para recompensas a James por sus mejoras. Le desafió a mejorar en el colegio y le pidió que le contara cada día algo bueno que hubiera descubierto sobre sus amigos o sobre su profesor.

Ocurrió lentamente, pero durante ese año James cambió. Sus notas mejoraron drásticamente y le llevaron al grupo más avanzado de su clase. Ganó para su clase el lazo azul del primer puesto en la competición de la feria de ciencias. Los esfuerzos de su madre fueron recompensados cuando el joven que antes suplicaba quedarse en casa fue distinguido por sus logros y condecorado con el premio al "Estudiante de la Semana".

Algunas personas buscan los defectos como si fueran a recibir un premio por ello.

No salga de vuestra boca palabra viciada, sino palabras buenas y oportunas para edificación, para favorecer a los oyentes.

Efesos 4:29.

En su libro, "Para que lo Tuyo Propio sea Verdadero", Court Flint cuenta la historia de una destacada mujer invitada a compartir ante el gran número de mujeres de su club, el secreto de su feliz vida. Ella les contó que un vagabundo fue el responsable.

Estaba lavando los platos una mañana cuando un vagabundo llamó a la puerta de atrás, educadamente se quitó el sombrero, se inclinó y le preguntó si podía hacer algún trabajo para ella a cambio del desayuno. La mujer le dijo de malos modos, "Los vagabundos acaban con mi paciencia. Yo trabajo para ganarme la vida y usted puede trabajar para ganarse la suya. Si no se va, llamaré a mi marido." Entonces, el vagabundo dijo, "Su marido no está en casa." Ella quedó sorprendida y le preguntó, "¿Cómo lo sabe?" El respondió, "Si está en casa es porque está enfermo. El no estaría en casa con usted a menos que estuviera enfermo."

Esta destacada mujer "feliz" contó que en ese momento cerró la puerta y fue incapaz de acabar de fregar los platos. Sus pensamientos retrocedieron a aquella mañana cuando había regañado con su marido, y a la noche anterior cuando no había sido nada amable con él. Al día siguiente pidió a Dios que la ayudara a cambiar su vida. Pasó de ser una "buscadora de defectos" a ser una "buscadora de virtudes". Un matrimonio mucho más feliz y una vida infinitamente más feliz fue el resultado.

Consigues mejores resultados si tienes grandes aspiraciones. Esto es cierto en la ciencia, matemáticas, lectura, fútbol o música

Charles Adair.

La expectación ansiosa de la creación está esperando la manifestación de los hijos de Dios.
Romanos 8:19.

En los primeros años de la década del 1900, Vilfredo Pareto, un ingeniero-economista-sociólogo italiano, desarrolló lo que él llamó la "regla 80/20". Su investigación indicaba que en un negocio el 20 por cien de los artículos suponían el 80 por cien del negocio y que aproximadamente el 20 por cien de la población controlaba cerca del 80 por cien de la riqueza.

Desde entonces, otros han establecido incorrectamente que " el 20% del personal trabajador contribuye al 80% de la producción, y el 20% del personal de ventas produce el 80% de las ventas". En la mayoría de los casos esto no es verdad. En la Corporación Zig Ziglar en 1996, el 20% de nuestro personal de ventas realizó el 25% del negocio y el 80% de este personal produjo el 75%. Además, nuestro trabajador menos productivo produjo el 57% del negocio realizado por el trabajador más productivo. Esto valida el hecho de que es un empleado extremadamente valioso. El sirvió bien a sus clientes y consiguió un beneficio para sí mismo y para la compañía. Como resultado, le tratamos con la misma cortesía, respeto y dignidad que prestamos al resto del personal de ventas.

En resumen, es un empleado valioso y un individuo de primera clase.

Tratemos a todo el mundo como si fuera de primera calidad; mostrémosles respeto y cortesía, y nos sorprenderemos del gran número de ellos que responderán a nuestras expectativas y producirán maravillosos resultados.

La dirección crea literalmente el tiempo.

Por Yavé se afirman los pasos
del varón cuyo camino le place.
Salmos 37:23.

Un día un viajero en un remoto lugar del país, al darse cuenta de que estaba en la carretera equivocada, hizo un alto en un pueblo. Llamó a uno de los pueblerinos desde la ventanilla de su coche y le dijo, "Amigo, necesito ayuda, me he perdido.".

El pueblerino le miró por un momento y le preguntó "¿Sabe usted dónde está?.

"Sí" respondió el viajero. "Vi el nombre de su pueblo a la entrada".

El hombre asintió con la cabeza, "¿Sabe usted dónde quiere estar?"

"Sí", contestó el viajero.

"Entonces usted no está perdido", dijo, él "simplemente necesita una dirección".

Muchos de nosotros estamos en la misma situación que ese viajero. Sabemos donde estamos – algunas veces disgustados, insatisfechos y experimentando muy poca paz de espíritu. Y sabemos dónde queremos estar – con paz, satisfacción y viviendo la vida con toda su fuerza. Al igual que el viajero, no estamos perdidos – simplemente necesitamos las direcciones.

No cuesta mucho encontrar la carretera hacia el éxito, pero para alcanzarla necesitamos un orden del día para el presente. Tú necesitas las direcciones a seguir hoy. Necesitas un propósito. Escucha el consejo que el director de la Universidad Lincoln dio a un grupo de nuevos estudiantes de primer año: "Vuestra vida no puede ir de acuerdo a un plan si no tenéis ese plan".

Cuando se ama un trabajo, trabajar hace a la vida dulce, resuelta y fructífera.

No le queda al hombre cosa mejor que comer y beber, y recrear su alma con los frutos de sus fatigas. Y he visto que también esto viene de la mano de Dios.

Eclesiástico 2:24-25.

Mucha gente sólo ve el problema y no la oportunidad que subyace bajo el problema. Por ejemplo, dos hombres miraban a través de los barrotes de una prisión – uno veía fango, el otro veía estrellas. Esto realmente describe dos visiones del mundo. Muchos empleados se quejan de su trabajo sin darse cuenta de que si el trabajo fuera sencillo, su jefe habría contratado a alguien con menos talento con un salario sustancialmente más bajo.

El pesimismo enfanga el agua de la oportunidad. Por ejemplo, en cualquier momento aparece una innovación que promete hacer la vida más fácil y a la gente más productiva, y los que siempre protestan se quejan de que quitará muchos puestos de trabajo.

En nuestra propia vida hemos visto la llegada del ordenador. Inicialmente se creyó que mucha gente perdería sus trabajos porque los ordenadores podían hacer mucho más. Es cierto que mucha gente tuvo que adaptarse a la situación para sobrevivir en el mercado. Sin embargo, pienso que casi todos estarían de acuerdo en que los ordenadores han creado trabajos y han mejorado nuestro nivel de vida enormemente.

La próxima vez que te sorprendas a ti mismo quejándote por la dificultad de tu trabajo, pregúntate a ti mismo lo siguiente, "¿Hay un modo mejor, más fácil, más rápido y más barato de hacerlo?" Quien sabe, quizás detrás de esta pregunta vendrá una respuesta con algún beneficio para ti que beneficiará también a otros.

Recuerda que la productividad no garantiza la seguridad. Debes combinar la productividad con una actitud positiva consistente y un esfuerzo de equipo, tanto si estas buscando un trabajo como si pretendes mantener el que ya tienes.

Marvin Walberg.

Como el cuerpo sin el espíritu es muerto, así también es muerta la fe sin las obras.

Santiago 2:26.

Mi esposa y yo recientemente nos hospedamos en un bonito hotel y nada mas llegar nos dirigimos al restaurante para cenar. Le expliqué a la persona que estaba a cargo que estabamos hambrientos y que teníamos mucha prisa. La señora me dijo muy amablemente, "No hay problema". Diez minutos más tarde le pregunté a una camarera si podía tomar nota de lo que queríamos. Ella sonrió y dijo que estaría encantada de hacerlo. Un momento o dos más tarde nuestra camarera apareció. Era agradable, entusiasta, y nos trajo agua y la carta del menú. Mis primeras palabras fueron "Gracias. Tenemos mucha prisa y estamos hambrientos". Ella contestó, "Les atenderé en seguida". Casi diez minutos después apareció para tomarse nota.

En ese momento mi mujer y yo decidimos que debíamos irnos. El encargado intercedió y se disculpó profusamente. No encontramos una sola persona durante nuestra hora de espera que no fuera cortés, amable y agradable. Bajo esas circunstancias, habríamos preferido haber tenido a alguien que fuera desagradable – pero eficiente a la hora de traernos lo que habíamos pedido – que alguien agradable y cortés pero que no traía la comida. Moraleja: Combina una actitud positiva y agradable con un servicio eficiente; tu negocio prosperará.

Los niños prestan más

atención a lo que haces

que a lo que dices.

Mama Ziglar.

Enseñar a las jóvenes a amar a
sus maridos y a sus hijos.
Tito: 2:4.

Richard era el penúltimo de nueve hermanos. Un sábado por la tarde, tres días antes de Navidad, mi madre iba con sus prisas usuales para tenerlo todo a punto. Le pidió a Richard que subiera al piso de arriba y le limpiara sus zapatos de los domingos. Después de un rato Richard bajó con los zapatos, obviamente orgulloso del trabajo que había hecho. Su madre estaba tan encantada que cogió su monedero y sacó una moneda de veinticinco centavos. Veinticinco centavos era casi un tesoro, especialmente tres días antes de Navidad, pero Richard parecía confuso. Unos minutos después, su madre subió a cambiarse de ropa. Al deslizar sus pies dentro de sus relucientes zapatos, su pie derecho tropezó con algo en la punta. Irritada sacó un trozo de papel y al desenvolverlo cayó una moneda de veinticinco centavos. Escrito con los garabatos propios de un niño de siete años se leía estas palabras, "Lo hice por amor"

Margaret Baillargeon en Digest Católico.

Los padres de Richard le habían enseñado el verdadero significado del amor. Con seguridad su madre, con nueve hijos, era una mujer ocupada. Sin embargo, una madre preocupada y llena de amor por sus hijos, siempre encuentra algo de tiempo para cada uno de ellos. Demuestra tu amor a ese pequeño, y ayudarás a construir un mundo mejor.

Es mucho más importante ser la persona adecuada que casarse con la persona adecuada.

Bendita tu fuente, y gózate con la mujer de tu mocedad.
Proverbios 5:18.

V olviendo a casa en avión, me di cuenta que el joven que se sentaba a mi lado llevaba su alianza de boda en el dedo índice de la mano derecha. No pude resistir la tentación y le comenté, "Amigo, llevas tu alianza de boda en el dedo equivocado." El respondió, "Si, me casé con la mujer equivocada."

Mucha gente tiene ideas erróneas sobre el matrimonio y lo que cuesta hacer que ese matrimonio sea feliz y tenga éxito. Seré el primero en admitir que es posible que te casaras con la persona equivocada. Sin embargo, si tratas a la persona equivocada como si fuera la persona correcta, podrías acabar teniendo a la persona ideal al fin y al cabo. Por otro lado, si te casas con la persona adecuada y la tratas mal, ciertamente acabarás estando casado con la persona equivocada. Además sé que es mucho más importante ser una persona adecuada que casarse con la persona adecuada. En resumen, tanto si te casas con la persona adecuada como si no, todo depende de ti.

La investigación, la observación personal, y la experiencia, prueban que los matrimonios estables no están construidos sobre la pasión del momento. Las expectaciones realistas y positivas guían a los matrimonios duraderos.

Eres como eres porque así es como quieres ser. Si quisieras ser de otra manera, empezarías el proceso de cambio justo ahora.

Fred Smith.

No es que haya alcanzado la perfección, sino que la sigo por si logro apresarla, por cuanto yo mismo fui apresado en Cristo Jesús.

Filipenses 3:12.

Si has establecido el compromiso de hacer algo y encuentras alguna dificultad, busca una solución al problema. Sin un compromiso, buscarás un escape al problema y normalmente encontrarás lo que estás buscando.

Con franqueza, hubo largos periodos de tiempo en los que, a pesar de mis esfuerzos, no podía conseguir ningún contrato para dar conferencias. Eso me producía un gran desánimo, pero ni una sola vez consideré el hecho de abandonar mi sueño de ser orador. La diferencia entre yo y muchos otros que quieren ser oradores y tienen el talento necesario es que yo nunca dejo escapar mis sueños y mi deseo de trabajar hasta que los logre. Yo tenía un sueño, y el sueño me tenía a mí.

La mayoría de la gente que fracasa en sus sueños, no lo hace por falta de talento sino por falta de compromiso.

El compromiso proporciona consistencia y un esfuerzo entusiasta el cual, inevitablemente, proporciona mayores y mayores recompensas.

La motivación te da el "querer". La preparación te da el "como" y la combinación de ambos proporciona las ideas creativas necesarias para ser más efectivo a la hora de hacer realidad tu sueño. El compromiso, la disciplina y la responsabilidad te mantienen en marcha cuando la marcha se hace difícil.

Lo mejor que un padre
puede hacer por un hijo
es amar a su cónyuge.

Vosotros, los maridos, amad a vuestras mujeres, como Cristo amó a la Iglesia y se entregó a ella.

Efesios 5:25.

Esta realidad llegó a mi casa cuando mi hijo tenía unos quince años. Estábamos dando un paseo y le pregunté, "Hijo, si alguien te preguntara que es lo que más te gusta de tu padre, ¿qué le responderías?" El dijo, "Le diría que lo que más me gusta de mi padre es que ama a mi madre.". Naturalmente le pregunté, "Hijo, ¿por qué dirías eso?" El respondió, "Sé que como amas a mamá la tratarás bien, y mientras la trates bien, seremos una familia, porque yo también sé cuanto mamá te ama. Eso significa, papá, que nunca tendré que elegir entre tú y mamá."

Cuéntale a tus hijos lo maravilloso que es tu cónyuge. Explícales cuanto amas a tu pareja. Cuéntales como la conociste y lo que te atrajo de ella. (Tú también podrías necesitar recordarlo).

Sabiendo tus hijos que tú y tu cónyuge os amáis, les das una seguridad que no pueden conseguir de ninguna otra manera. Podrían intentar encontrarla en otros sitio pero no sería lo mismo. ¡Deja que tus hijos sepan hoy que sus padres se aman!

La persistencia es lo que hace lo imposible posible, lo posible probable, y lo probable seguro.

Robert Half.

No os hagáis perezosos, sino imitadores de los que por la fe y la longanimidad han alcanzado la herencia de las promesas.

Hebreos 6:12.

Una madre le hizo a su hijo pequeño esta pregunta, "¿Qué es lo que te gustaría ser por encima de todo?" El la miró y respondió, "Quiero ser grande y quiero ser atleta".

Desafortunadamente, esa respuesta presentaba un serio problema. Su madre, su padre y sus abuelos por ambas partes eran pequeños de estatura. Su madre le dijo que quizás no se podría hacer nada sobre su tamaño, pero se podía hacer mucho por ser un atleta.

Durante mucho tiempo pareció que su madre estaba equivocada en ambas cuestiones, porque el chico era bastante torpe. Era el último en ser elegido para cualquier juego, sin mencionar los deportes. En el noveno curso su entrenador le preguntó por qué continuaba persiguiendo el sueño de llegar a ser un atleta.

A la mayoría de chicos esto les habría hundido, pero el joven al que el entrenador estaba hablando era Merlin Olsen. No solo había empezado a crecer, sino que estaba desarrollando la velocidad y coordinación que le permitiría llegar a ser jugador de rugby de la liga americana a nivel de escuelas secundarias. En el estado de Utah fue jugador defensa nacional y jugó en la liga nacional de rugby Pro Bowl catorce veces. ¡La persistencia da su resultado!

La meta de muchos lideres es conseguir que la gente tenga una mejor opinion del lider. La meta de un gran lider es ayudar a la gente a tener una mejor opinion de si mismos.

John Maxwell.

El más grande de vosotros sea vuestro servidor.

Mateo 23:11.

En una empresa común con unos 100 empleados, aproximadamente 8 de ellos no "encajan". Seis de los 100 serán "super estrellas" y producirán 8 veces más por individuo que los restantes 86.

Obviamente, estas "super estrellas" no pueden escribir a máquina 8 veces más rápido o realizar un trabajo ocho veces mayor. Su productividad proviene de lo que ellos hacen, de sus actitudes y sus relaciones con los demás. Las "super estrellas" son entusiastas y consideran importante estar bien informados sobre sus trabajos. Ansiosamente, comparten información con aquellos que les preguntan. Llegan a ser mentores sin darse cuenta, sólo haciendo lo correcto, adecuándose a las circunstancias, siendo amables y haciendo de su empresa la mejor.

¿Por qué no contratamos a más "super estrellas"?

Tú no puedes contratarlas ,debes desarrollarlas.

Esa es la razón por la cual, en nuestra sociedad que no para de cambiar con el dramático incremento de la tecnología, es un deber para nosotros una formación continua y un programa de desarrollo personal. Esto no solo incrementa la pericia y la competencia, también aumenta considerablemente los beneficios de la empresa.

Para aquellas compañías que se preguntan, "¿Por qué debería preparar a mi gente si después voy a perderla?", la respuesta es sencilla: "Peor que preparar a la gente y perderla es no prepararla y conservarla."

La preocupación es más que el compromiso y más que el acuerdo mutuo de no herirse uno al otro. Es un acuerdo tácito de ayudarse uno al otro.

Anónimo.

Ayudaos mutuamente a llevar vuestras cargas, y así cumpliréis la ley de Cristo.

Gálatas 6:2.

Un día cuando estaba en el negocio de las baterías de cocina, me encontré con que había concretado más citas de las que podía atender. Yo realizaba demostraciones de comidas, las cuales me permitían vender baterías tanto a la persona que organizaba la demostración como a sus invitadas. Después, llevábamos la batería de cocina a los compradores y les enseñábamos a usarlas en sus propias cocinas.

Ya que mi boca había hecho promesas que no podía cumplir, le pedí a mi ayudante, Gerry Arrowood que me ayudara. Le expliqué que quería que entregara la batería de cocina a seis parejas que me la habían solicitado esa tarde, y que les enseñara en su casa a usarlas. El terror apareció en los ojos de Gerry. Sus manos temblaban mientras decía, "¡No puedo hacerlo!".

Al principio no pude convencerla de que cambiara de opinión. Pero de camino a casa, lo fue pensando, y cuando iba a salir del coche dijo, "De acuerdo, lo haré. Has asomado demasiado el cuello y no quiero que te lo corten."

Esa noche, recibí una llamada de lo más entusiasta. Gerry dijo, "No recuerdo haberme divertido nunca tanto, ni haberme sentido mejor conmigo misma. Estaré encantada de hacer esto para ti cada vez que quieras."

No esperes hasta que te apetezca hacer una acción positiva. Realiza esa acción y después te apetecerá hacerla.

Es la fe la garantía de lo que se espera, la prueba de las cosas que no se ven.
Hebreos 11:1.

¿Recordáis a mi ayudante Gerry? Ella me sacó de un lío haciendo algo que realmente no quería hacer. Sin embargo, después de dar ese primer paso, se llegó a motivar enormemente y su propia imagen mejoró de forma dramática. Su confianza comenzó a surgir, su personalidad floreció, y llegó a ser más enérgica. Comenzó a establecerse mayores objetivos; su optimismo surgió; se convirtió en una persona positiva. Los resultados hablaban por sí mismos.

Dejadme indicaros que Gerry empezó sólo con coraje, compasión, orgullo y humildad; era concienzuda, absolutamente formal y una trabajadora nata. También desarrolló otras cualidades del éxito como resultado directo de utilizar lo que ya tenía. ¡Esa es una tremenda lección para aprender acerca de la motivación!

No olvidéis una cuestión muy, muy importante. La motivación llega después de realizar la acción. Lección: no esperes a que te apetezca realizar una acción positiva. Realiza la acción y después sentirás que quieres hacerla. Eso es adquirir responsabilidad. Y cuando Gerry lo hizo, la imagen que tenía de sí misma cambió y su vida cambió.

Lo mismo puede ocurrirte a ti. No esperes más a que el sentimiento te surja. La motivación llegará después de dar esos primeros pasos.

No puedes recibir un cumplido sincero sin sentirte mejor...y lo que es más importante, no puedes dar un cumplido sincero sin sentirte mejor tú mismo.

Panal de miel son sus suaves sentencias, dulzura del alma y medicina de los huesos.
Proverbios 16:24.

Una de las herramientas más efectivas que puedes utilizar para enseñar y para motivar es un cumplido sincero. Cuanto más sincero sea, más efectivo será. Desafortunadamente, demasiados de nosotros pasamos por alto esos cumplidos como si nos diera lo mismo. En nuestro negocio, en nuestra vida personal y familiar, continuamos jugando al juego de la crítica. Llegas al final del día, caminando orgulloso, llevando tu abrigo nuevo y tu corbata, y tu amada esposa te saluda en la puerta de entrada. Sus ojos se agrandan al fijarse en tu traje nuevo y tu orgulloso porte y te dice, "Cariño, me· gustan tu abrigo y tu corbata ... consérvalos – he oído que volverán a estar de moda." Una crítica más.

Es evidente que incluso una sola crítica desagradable puede causar un serio daño y una serie de ellas puede causar un daño terrible y afectar adversamente a un conjunto de personas.

Parte de nuestras dudas sobre si compartir o no un cumplido, es el miedo a que sea mal interpretado. Aunque sea sincero, a menudo no lo compartimos por miedo a que no sea bien entendido. Esto tiene como resultado que dos personas pierden. ¡Compartir el cumplido tiene como resultado que las dos ganan!

Los billetes que el cliente recibe del cajero en cuatro bancos diferentes son los mismos. Lo que es diferente son los cajeros.

Stanley Marcus.

Sus caminos son caminos deleitosos y son paz todas sus sendas.
Proverbios 3:17.

Mi diccionario dice que la personalidad es la "calidad personal e individual que hace a una persona ser y actuar de modo diferente a otra." La personalidad es la estructura física, intelectual y emocional de un individuo, incluyendo su talento, intereses y actitudes. Tener una personalidad agradable tiene muchos beneficios. Desafortunadamente, mucha gente ha olvidado que podemos elegir entre sonreir y ser agradables o fruncir el ceño y ser desconsiderados. Lamentablemente, demasiada gente hace la elección equivocada, y como resultado, su personalidad les hace ser personas que no queremos como amigos o compañeros de trabajo.

Sólo hay una oportunidad para dar la primera impresión, y todos nosotros instintivamente tomamos decisiones o hacemos juicios sobre las personas en los primeros momentos en que se cruzan en nuestro camino. Con esto en mente, creo que cuando enseñamos a nuestros hijos a sonreir, a ser agradables y amables, a ser corteses y respetuosos con otros, a acceder a las peticiones de los demás o a sus preguntas, les estamos enseñando a desarrollar una personalidad que les abrirá muchas puertas. Una vez que las puertas estén abiertas, su carácter las mantendrá así; pero la personalidad, no el carácter, es lo que está a la vista en esos primeros segundos. Por tanto, es importante desarrollar una personalidad agradable y usarla en la vida.

La eficiencia es hacer

las cosas correctamente.

La eficacia es hacer lo

que es correcto.

Thomas K. Connellan.

Cada hombre es conocido por sus obras.
Proverbios 21:8.

La utilización adecuada de nuestro tiempo y nuestros recursos conlleva algunas verdades que son tan simples y básicas que mucha gente las pasa por alto completamente. Necesitamos comprender que no hay por que hacer bien aquellas cosas que ni siquiera deberíamos estar haciendo. Cuando emprendes una tarea, deberías preguntarte a ti mismo si es esto lo que deberías estar haciendo, o si es algo que debería hacer otra persona. Céntrate en el uso eficaz del tiempo, más que en el uso eficiente del mismo.

¿Qué ocurre con esas personas eficaces que se toman su trabajo en serio y utilizan su tiempo sabiamente?

De acuerdo con una publicación de la *Prensa Asociada* de hace unos años, esas personas ascienden en sus empleos:

Las personas aburridas pueden no ser las primeras en ser invitadas a las fiestas, pero normalmente son las primeras a la hora de promocionarse, según un equipo de investigación del colegio médico de Chicago. Este equipo hizo un estudio con ochenta y ocho ejecutivos y descubrió que aquellas personas con una "baja capacidad para el placer" eran los ejecutivos de más éxito. Esto es así porque se concentran en su trabajo sin distracciones… Los ejecutivos etiquetados como "buscadores de diversión" tendían a tener salarios más bajos.

Esto no significa que no seas una persona divertida. Simplemente significa que te tomas tu trabajo con seriedad y haces las cosas eficazmente.

Perdido – en algun lugar entre el alba y el ocaso – una hora de oro incrustada con sesenta minutos de plata, cada uno adornado con sesenta segundos de diamante. No hay recompensa. Estan perdidos y se han ido para sicmpre.

Anónimo.

Mirad, pues, que viváis circunspectamente, no como necios, sino como sabios, aprovechando bien el tiempo, porque los días son malos.

Efesios 5:15.

Mi amigo Dan Bellus es - a mi juicio - la autoridad número uno en el aprovechamiento del tiempo en nuestro país. El dice lo siguiente:

Cuando los Colonos declararon su independencia de Gran Bretaña, se escribió una sentencia: "Todos los hombres son creados iguales". Ha habido mucha discusión acerca de esta cuestión desde que fue escrita. No pretendo poder aclararla, pero esto es lo que yo sé - todos somos iguales con respecto a la cantidad de tiempo que nosotros o nosotras recibimos.

Todo el mundo recibe veinticuatro horas al día -sesenta minutos por cada hora y sesenta segundos por cada minuto. Nadie puede recibir más; nadie puede recibir menos. No puedes jugar al juego del "enchufe" con el tiempo: Si tú conoces al chico que reparte la comida puedes decirle, "Quiero más." Sin embargo, no puedes con respecto al tiempo decir, "Quiero más". Nadie puede vivir más de un segundo a la vez. En este sentido, todos somos realmente iguales. Este único hecho hace al tiempo la más preciosa de todas las posesiones. Este factor nos lleva a la fuerza a una ineludible conclusión: Tenemos que sacar provecho de nuestro tiempo por nosotros mismos - es la posesión mas perecedera y menos negociable que tenemos. Tenemos que sacar provecho de cada segundo.

Lo que haces fuera del trabajo juega un papel importante a la hora de saber hasta donde llegas en tu trabajo. ¿Cuántos libros lees al año? ¿Con qué frecuencia asistes a cursos? ¿Con quién pasas más tiempo?

Procura con diligencia presentarte ante Dios, probado como obrero que no tiene de que avergonzarse, que distribuye rectamente la palabra de la verdad.

2 Timoteo 2:15.

Un ejemplo clásico de alguien que no ha terminado su educación es Laurie Magers. Ella ha sido mi secretaria durante años. Vino a trabajar sin haber terminado la educación secundaria, pero claramente comprendió que podía continuar su educación como ya había estado haciendo desde el momento en que dejó el colegio y se puso a trabajar. Ella es una ávida lectora y buena estudiante de vocabulario. Asiste a conferencias y seminarios regularmente y lo ha hecho durante muchos años.

Cuando realizamos una evaluación de los trabajadores de nuestra empresa para encontrar las personas clave, Laurie obtuvo una puntuación ligeramente superior al nivel de licenciatura. (Un estudio de la Escuela Universitaria Médica de Georgetown reveló que en el 100 por cien de los casos cuando una persona mejora su vocabulario, su coeficiente intelectual sube).

Debido a que Laurie continuó su educación en el trabajo y fuera del trabajo, no sólo tiene un puesto seguro en nuestra compañía, sino empleo seguro en caso de que a nuestra empresa le ocurriera algo.

Tu inversión determina tu rendimiento. Lee biografías de gente que ha logrado el éxito, lee libros que se relaciones con tu actividad. Asiste a cursos y seminarios. Codéate con los líderes de tu compañía. Todas esas pequeñas cosas irán haciendo de ti un mejor empleado.

Si quieres cambiar tu
vida a mejor, debes
empezar inmediatamente
y debes hacerlo a lo
grande.

William James.

*Renovaos en el espíritu de
vuestra mente y vestíos del
hombre nuevo, creado según
Dios en justicia y santidad
verdaderas.*

Efesos 4:23-24.

Soy tu constante compañero. El que más te
ayuda y tu más pesada carga. Te empujaré
hacia delante y hacia arriba o te hundiré en
el fracaso. Estoy completamente a tus ordenes.
El noventa por cien de las cosas que haces
podrían haberse vuelto hacia mí, y yo habría
sido capaz de hacerlas rápida y correctamente. Soy fácilmente manejable, enséñame como
quieres exactamente que algo sea hecho y después de unas pocas lecciones lo haré automá-
ticamente. Soy el sirviente de todas las grandes personas y, ¡caramba! de todos los fracasos también. No soy una máquina, aunque
trabajo con la precisión de ellas, más la inteligencia de un hombre. Puedes utilizarme por
un beneficio o por la ruina – para mí no hay
diferencia. Cógeme, entréname, se duro conmigo y pondré el mundo a tus pies. Sé débil
conmigo y te destruiré. ¿Quién soy? Soy el
Hábito.

Anónimo.

Los buenos hábitos deben agarrarse firmemente, con
fuerza, con un fuerte propósito. Sin importar como te
sientas en cada momento, cualquier decisión reforza-
da por tu deseo de pasar a la acción en tu propósito,
producirá resultados maravillosos en un asombrosa-
mente corto periodo de tiempo.

Llegarás a ser grande

haciendo cosas pequeñas

a lo grande.

El que es fiel en lo poco,
también es fiel en lo mucho.

San Lucas 16:10.

A veces son las cosas que no llevan mucho tiempo - una palabra amable, un pensamiento animoso, un acto de coraje o incluso una batalla en la guerra - las que afectan al curso de la historia. En la primavera de 1942 las cosas no iban bien para los Aliados y América en la II Guerra Mundial.

Luego llegaron esos treinta segundos sobre Tokio que marcaron la diferencia. El Coronel Jimmy Dootlittle dirigió el ataque de dieciséis B-52 americanos, y atacaron, no sólo Tokio, sino otras cuatro ciudades más. El resultado final fue que Tokio reaccionó enviando barcos y aviones más cerca de Japón, extendiendo así su perímetro de defensa. Esta decisión pronto llevó a la Batalla de Midway - un triunfo americano que marcó el punto decisivo de la guerra del Pacífico.

No hay duda en que este audaz ataque brillantemente planeado, acortó la guerra en muchos meses y salvo incontables miles de vidas. Si, incluso cosas que llevan tan poco como treinta segundos hacen grandes diferencias. Cada uno de nosotros puede identificar una palabra amable, una sonrisa amigable, un saludo animoso, un favor sincero, etc., que eleve nuestros espíritus e incremente nuestra eficacia. Es bastante interesante saber que cuando gastamos nuestro tiempo haciendo esas simples "pequeñas cosas" para otras personas, creamos una situación ganadora y ambas partes se benefician.

Permanecer sentado con tus deseos no hace a una persona grande. El buen señor envía la pesca pero tu debes echar el anzuelo.

Mientras que quien atentamente considera la ley perfecta, la de la libertad, ajustándose a ella, no como oyente olvidadizo, sino como cumplidor, éste será bienaventurado por sus obras.

Santiago 1:25.

Cuando entré en el mundo de los negocios, empecé pasando dieciséis años en la venta directa. Al principio tenía que llamar a muchas puertas – lo llamábamos "búsqueda de votos". No recuerdo haber tenido ilusión por llamar a aquella primera puerta – ni siquiera a la segunda o a la tercera. Sin embargo, en la cuarta o quinta puerta, ya estaba metido en el hilo de las cosas y realmente ansiaba llamar a la siguiente puerta.

Los inicios fueron, con diferencia lo más difícil para mí. Finalmente seguí el consejo de uno de mis primeros mentores, el señor P.C. Merrell, que me sugirió que concertara una cita conmigo mismo para llamar a la puerta de mi primera visita exactamente a la misma hora cada día. Después sugirió que lo borrara de mi mente hasta la hora de hacerlo al día siguiente. Esta propuesta eliminó la falta de ganas, la preocupación y la toma de decisiones. Fue uno de los mejores consejos que nunca he recibido.

No sólo para los vendedores, sino también para los poco motivados en general, si tú tienes que hacer algo desagradable, concierta una cita contigo mismo. Olvídate de ella y después, a la hora señalada, ponte en acción. Conseguirás hacer más con menos preocupaciones.

Para bien o para mal

tu conversación es tu

publicidad. Cada vez

que abres la boca dejas

a los demás mirar dentro

de tu mente.

Bruce Barton.

*De la abundancia del corazón
habla la boca.*
Mateo 12:34.

Dos ocas estaban preparándose para realizar su viaje migratorio hacia el sur como cada año cuando una rana les preguntó si podían llevarla con ellas. Las ocas dijeron "si", pero en seguida se preguntaron como podrían hacerlo. La rana era muy creativa, así que construyó un palo con hierbas largo pero fuerte. Convenció a las dos ocas para que sostuvieran el palo por los extremos mientras ella se agarraba en el centro con la boca.

El extraño trío despegó e iba avanzando cuando dos hombres desde abajo, observando la extraña escena, expresaron su admiración y se preguntaron en voz alta quien habría sido tan listo como para diseñar semejante artilugio. Cuando la rana les oyó, le venció su vanidad y abrió la boca para decir, "¡Fui yo! Inmediatamente cayó a tierra y se hizo pedazos.

Quizás el refrán más antiguo sobre mantener la boca cerrada sea "Mantén tu boca cerrada y la gente nunca sabrá lo ignorante que eres. Ábrela y crearás la duda."

Como en muchas cosas, hay algunos elementos de verdad en estas palabras. Sin embargo, piensa en lo que perderíamos si nadie hablase. La prudencia y la sabiduría nos proporciona la respuesta a cuando deberíamos hablar y cuando deberíamos escuchar.

El secreto de ir hacia delante es empezar.

La mano perezosa empobrece;
la diligente, enriquece.
Proverbios 10:4.

Todos nosotros indudablemente hemos dicho muchas veces, "No tengo ganas". Esta expresión, en este caso no tiene nada que ver con el hecho de que tengamos una jaqueca o un infarto. Tiene que ver con algo que necesitamos hacer y deberíamos hacer pero no queremos hacer; entonces simplemente decimos, "No tengo ganas".

Ha habido un conflicto continuo entre hacer nuestras cosas y no hacer aquello que no queremos porque no tenemos ganas. Pero la cuestión es, "¿Podemos confiar en esos sentimientos?". Referente al ejercicio físico, cualquiera de vosotros que haya participado alguna vez en un acontecimiento deportivo, sabe que ha habido ocasiones en que "no teníais ganas" de ir a entrenar, pero como no queríais despertar la cólera del entrenador y enfrentaros a una posible retirada del equipo, de mala gana os habéis preparado, habéis ido al campo y con resentimiento habéis empezado el entrenamiento. Pocos minutos después de entrar en acción, habéis empezado a sentiros un poco mejor, y cuanto más entrenabais mejor os sentíais. Al final conseguísteis hacerlo.

El mensaje es simple: Hazlo y sentirás ganas de hacerlo.

Realizar tus sueños es

mucho más terapéutico

que analizarlos.

Todo lo puedo en aquel que me
conforta.
Filipenses 4:13.

El 6 de Agosto de 1926, Gertrude Ederle consiguió ser la primera mujer en cruzar el Canal de la Mancha. Su tiempo fue catorce horas treinta y un minutos, superando el record de Charles Toff en dos horas y veintitres minutos.

Hay varias lecciones en la hazaña de Gertrude (Trudy) Ederle que necesitan ser mencionadas. En el campo del esfuerzo humano, la mayoría de las veces los espectadores animan al participante a continuar y lo miran desde la grada. Sin embargo, en el caso de Trudy, aquellos que la acompañaban – su padre, su hermana, los periodistas, fotógrafos, y su entrenador, William Burgess, un inglés que finalmente conquistó el Canal después de dieciocho intentos fallidos – la animaban a tirar la toalla. Estaba congelada, exhausta, abatida, y enferma después de once horas de esfuerzo, pero nunca se quejó o mostró signos de flaqueza. A tres millas de su meta, el Canal la golpeaba furiosamente y en ese punto su padre y su entrenador le pidieron que abandonara antes de que acabara mal. Poco después llegó su clásica respuesta que sonó como un eco alrededor del mundo: "¿Abandonar? ¿Para que?". Trudy llegó a la costa y a los libros de historia.

Hay un viejo dicho que dice " Cuando el camino se pone duro, los duros se mantienen en el camino." Trudy nos enseñó a todos una gran lección con su hazaña.

Cuando veo la lista de "los diez más hechados de menos" siempre tengo este pensamiento: si los hubiéramos hecho sentir deseados antes, no lo serían ahora.

Eddie Cantor.

Así, pues, consolaos mutuamente y edificaos unos a otros, como ya lo hacéis.

I Tesalonicenses 5.11

Star Daily es un hombre que llegó a ser famoso en Inglaterra como un notorio, vicioso asesino, criminal y ladrón habitual, cuyo comportamiento provenía de su infancia. Su profesor, de manera sistemática, le hacía levantarse en clase y leer un pasaje en voz alta ante toda la clase. Desafortunadamente, Star no era muy buen lector, era cohibido, tímido e inhibido; y cuanto más lo intentaba más fracasaba.

En una ocasión, estaba pasando por un momento de su lectura realmente difícil cuando la clase rompió en carcajadas. Incluso su hermana escondía su cabeza entre risas y azoramiento. El profesor, que también intentaba ocultar su risa, la buscaba a ella con la mirada para intentar controlarse. Llegado este punto, el joven Star Daily, explotó de furia y lanzó el libro contra la pared, gritando mientras se marchaba, "Un día me tendréis miedo. Me odiaréis, pero ésta será la última vez que os reís de mí." El resto – como dice el refrán – es historia.

La palabra "alentar" significa "poner aliento" en algo. Es el combustible que proporciona a la gente el apoyo necesario para conseguir sus sueños. Cuando alentamos a nuestros hijos o a otros a conseguir sus sueños, les estamos empujando hacia el éxito. Y cuando das aliento, tú recibirás aliento.

Nuestro principal deseo en la vida es alguien que nos inspire a ser lo que realmente queremos ser.

Ralph Waldo Emerson.

Exhortaos mutuamente cada día, mientras perdura el "hoy".
Hebreos 3:13.

Cuando Thomas Edison tenía sesenta y siete años, su fábrica en Merlo Park quedó calcinada sin estar asegurada. Para cuando las cenizas se habían enfriado, Henry Ford entregó a Edison un cheque por 750.000 dólares. Le dijo que no le pediría intereses y que si necesitaba más, se lo proporcionaría.

En aquel tiempo Henry Ford era un empresario de éxito, y Edison era reconocido como el primer inventor del país. Pregunta: ¿Por qué fue el señor Ford tan generoso y compasivo? Respuesta: Siendo el señor Ford un joven inventor, Edison estaba inmerso en un proyecto con un automóvil eléctrico, cuando supo que Ford estaba trabajando en un motor de gasolina para coches. Fue a verle y le hizo innumerables preguntas sobre el funcionamiento del coche. Cuando la visita acabó, Thomas Edison le dijo a Henry Ford. "Joven, estás metido en algo grande. Te animo a conseguirlo. Puede revolucionar el transporte en nuestro país." Más tarde se dijo que las palabras de ánimo de Thomas Edison hicieron que Ford renovara sus esfuerzos en construir el motor de gasolina.

Lo que tú y yo hacemos podría no tener mucho significado en ese momento, pero después, nunca se sabe. Como alguien dijo una vez, "Siempre es buen momento para animar a otros y hacer nuestra buena acción del día."

Mira siempre al lugar iluminado – no importa lo viejo que seas, eres más joven de lo que nunca serás.

No me abandones, pues, ¡oh Dios!, en la vejez y en la canicie hasta que anuncie tu poderío a esta generación y tus proezas a la venidera.

Salmos 71:18.

En este frío día en Dallas, Texas, mi bella y pelirroja esposa me pidió que pusiera un mantel en la mesa del comedor para preparar la reunión de amigos que íbamos a tener en nuestra casa. Bajé y extendí la mesa para poner el mantel. Luego ella preguntó, "¿Necesita agua el estanque?". Miré afuera y vi que sí, y me dirigí a abrir el grifo del agua. Estaba congelado y me fue imposible abrirlo. Volví dentro, y subí inmediatamente a continuar escribiendo. Nada más sentarme, mi esposa me llamó y me preguntó si iba a poner el mantel en la mesa. Estaba riendo a carcajadas cuando me lo preguntó. Yo, riendo también le dije que pensaba hacerlo más tarde, ya que estaba ocupado en ese momento. Dije esto mientras bajaba a cumplir su mandato y después continué escribiendo.

Pregunta: "¿Tengo un problema de memoria, o estoy demasiado concentrado en acabar mi proyecto?". Indudablemente, creo que fue mi concentración y no mi memoria. Sé bueno contigo mismo en lo que a tu memoria se refiere. Reafirma los aspectos positivos de tu memoria e intenta trabajar en los demás.

Al igual que la tierra gira alrededor del sol, nuestras vidas deberían girar alrededor del hijo.

Si confesares con tu boca al Señor Jesús y creyeres en tu corazón que Dios le resucitó de entre los muertos, serás salvo.

Romanos 10:9.

El 4 de Julio de 1776, treinta colonias aisladas declararon su independencia de Gran Bretaña, un acontecimiento que sacudió al mundo y cambió el curso de la historia. El 4 de Julio de 1972, declaré mi completa dependencia en Cristo Jesús, un acontecimiento que cambió completamente mi vida personal, familiar y laboral.

A partir de ese momento, Dios pasó por alto mis defectos y vio mis necesidades. Inmediatamente, me mostró que podía reemplazar y reemplazaría todo aquello que se había perdido en mi vida, pero que nada podía reemplazarle a Él en mi vida.

Una cosa en la que hago énfasis, aunque considero el 4 de Julio como el día de mi "renacimiento", es que no estoy seguro de si realmente ocurrió ese día. Sí estoy seguro de que ocurrió durante ese fin de semana. Para mí, no hubo repique de campanas ni flashes de luces. Hubo un sentimiento cálido y sólido de completa confianza en que Dios veía mi corazón, oía la confesión de mis pecados, y me daba la bienvenida a Su Reino cuando yo tuve el conocimiento de Cristo Jesús como Señor y Salvador.

Es importante que entendáis esto, porque mucha gente, quizás incluso tú, nunca habéis tenido ese momento de éxtasis. Si no lo sentís, ni lo habéis sentido, no os preocupéis. Uno no se salva por un sentimiento, sino por su confianza en Dios y su aceptación de Cristo Jesús como Salvador.

No puedes hacer

el trabajo de Dios sin

Dios al igual que no

puedes tener luz del Sol

sin el Sol.

Esforzáos a entrar por la puerta estrecha, porque os digo que muchos serán los que busquen entrar y no podrán.

Lucas 13:24.

Conocí a un hombre en una estación de servicio poco después de dirigir mi vida hacia Dios. Mientras hablábamos, se dio cuenta del pin que yo llevaba en el que ponía "Pez y Siete". Me comentó que sabía el significado de pez, pero no entendía el porqué del siete. Le expliqué que el siete me servía para recordar que hay siete días en cada semana y todos pertenecen a Dios. Le expliqué que recientemente había dirigido mi vida enteramente hacia Dios y que aquello me había supuesto una gran diferencia.

El se iluminó como una proverbial bombilla y dijo, "Sé exactamente lo que quieres decir, porque yo acabo de aceptar a Cristo como mi Salvador personal y realmente esto ha hecho mi vida muy diferente.".
Continuó diciendo que durante quince años había trabajado dirigiendo el coro en una iglesia local pero no había conocido a Cristo Jesús personalmente hasta hacía muy poco.

En ese momento pensé que era un caso aislado, pero desde entonces he conocido a mucha gente que está muy cerca y a la vez tan lejos. ¡No seáis una de esas personas! Si tu vida no está en equilibrio en ese aspecto, no puedes alcanzar el verdadero éxito.

El modo en que te ves a tí mismo hoy afectará a tu modo de actuar hoy.

Porque caminamos en fe y no en visión.
2 Corintios 5:7.

Desafortunadamente, mucha gente siente que "todo está acabado" cuando ellos se encuentran en la flor de su vida. Un ejemplo clásico me ocurrió una vez cuando estaba en un programa de radio de esos en los que la gente llama. Un radioyente que llamó era una mujer que me dijo, "Señor Ziglar, tengo cincuenta y cinco años. Nunca he hecho nada en mi vida, y se que ahora ya es tarde. Todo está acabado."

Habiendo experimentado conversaciones parecidas con mucha gente, había acumulado alguna información que sabía que me ayudaría. Le dije, "Señora, con cincuenta y cinco años usted está en su infancia. De hecho, ¿sabe su mamá donde está?"

Le pregunté a la señora si era honesta y al menos razonablemente inteligente, y si tenía empleo. Ella respondió afirmativamente, y entonces yo le pregunté, "¿Generalmente el día anterior a las vacaciones realiza dos o tres veces más trabajo que en un día normal?". Ella se rió y admitió que sí. Entonces yo dije, "Señora, un simple paso hará una gran diferencia en su futuro. Vaya al trabajo cada día y actúe como si fuera el día anterior a las vacaciones". Puede hacer lo mismo.

Los hombres y las mujeres están limitados no por su lugar de nacimiento, ni por el color de su piel, sino por el tamaño de su esperanza.

John Johnson.

Que el Dios de la esperanza os llene de cumplida alegría y paz en la fe para que abundéis en esperanza por la virtud del Espíritu Santo.

Romanos 15:13.

John Johnson creció en la ciudad de Arkansas. Eso constituyó una gran oportunidad para él porque es un hecho aunque poco conocido que la ciudad de Arkansas en el estado de Arkansas, es el centro geográfico del mundo. Puedes partir desde allí e ir a cualquier parte del mundo que quieras – y la distancia máxima será de doce mil millas.

El señor Johnson se fue a menos de doce mil millas de la casa del tejado de estaño donde había nacido, pero fue lo suficientemente lejos como para vivir en la Costa Dorada de Chicago y en la casa de al lado a la de Bob Hope en Palm Springs. El ha sido considerado como uno de los cuatrocientos hombres más ricos de América.

Tú, también, eres afortunado porque independientemente de donde vivas, estás en el centro geográfico del mundo. Puedes ir desde donde estás a cualquier sitio a donde quieras ir, y te estoy hablando de algo que va más allá de una localización geográfica. Para ser justo, debo avisarte de que no es un camino fácil. Habrán las inevitables montañas y valles antes de que puedas llegar a la cima. Sin embargo, si facilitas al "quiero" la información que tienes a tu disposición, podrás conseguir el "como".

Nada se podrá intentar

si todas las posibles

dificultades han de ser

salvadas primero.

*Lo que es imposible a los
hombres es posible a Dios.*

Lucas 18:26.

Hace algunos años, di una conferencia a la facultad y al cuerpo de estudiantes del Colegio de la Comunidad Hinds en Raymond, Mississippi. En 1943, había asistido a clases y me había matriculado en un curso de historia bajo la dirección de Joby Harris, el cual había tenido un gran impacto en mi vida. Ese día, estaba haciendo un esfuerzo para poder establecer "Los Fundamentos de la Enseñanza de Joby y Jim Harris".

El auditorio estaba lleno, y mucha gente asistía de pie al fondo o en los pasillos laterales de la estancia. Me di cuenta de que había siete asientos libres en la primera fila y otros cinco en la segunda. Después de unos momentos señalé los asientos vacíos y animé a los que estaban al fondo a bajar hasta ellos.

"En la segunda fila, esos cinco asientos vacíos están en medio, y tendréis que pasar por encima de tres o cuatro personas. Sin embargo, así es la vida. La mayoría de las veces hay obstáculos entré donde tú estás y las oportunidades de la vida. Pero quiero que sepáis, que los asientos de la primera fila están disponibles en todas partes. Hay mucho espacio en la cima, pero no hay suficiente para permanecer sentado."

Recuerda: hay asientos a tu disposición en la primera fila, pero tienes que dar los pasos para alcanzarlos.

Importante: hasta que pongas tus metas por escrito, sólo tienes intenciones que son como semillas sin tierra.

Anónimo.

Escribe la visión y grábala en tabletas, de modo que pueda leerse de corrido.

Habacuc 2:2.

Establecerse unas metas es bastante absorbente, lo cual es una de las razones por las que sólo el tres por cien de nosotros tiene un programa de objetivos. Esta es además una razón por la cual las recompensas para aquellos que tienen un programa son tan grandes. Si no tienes tiempo para establecer un programa de objetivos, ¿es posible que no tengas tiempo precisamente porque no tienes ese programa establecido? Con toda seguridad, la falta de tiempo siempre ha sido y será un problema.

Haz el propósito de establecer tu programa de objetivos ahora, y tendrás más tiempo en el futuro para hacer lo que necesitas hacer y lo que quieres hacer.

¡Para! Justo ahora para durante una hora, y haz el propósito de empezar antes de apagar las luces esta noche.

Recuerda, el cambio empieza cuando das el primer paso, y sin acción no habrá progreso.

Si empiezas a desarrollar tu programa de metas, crearás para ti mismo de dos a diez horas adicionales de tiempo productivo cada semana durante el resto de tu vida. Y, cuando aprendas a establecer un objetivo, sabrás como establecer todos los demás. También es bueno saber que un número importante de objetivos conllevarán diferentes aspectos de la vida e incluirán en sí mismos otros objetivos.

Consigues lo mejor de otros cuando das lo mejor de ti mismo.

Harvey Firestone.

Toda la ley se resume en este solo precepto: "Amarás a tu prójimo como a ti mismo".

Galatas 5:13-14.

A lo largo de los años he venido observando frecuentemente que cualquiera que no fuera capaz de llevarse bien con mi esposa tenía un problema. Ella es la persona con mayor capacidad de relación, con cariño más sincero y con mayor preocupación por los demás que he conocido. Tiene una extraña capacidad para establecer relaciones inmediatamente y hacer esa relación familiar inmediatamente después. Tiene una sonrisa tan hermosa, y su rostro entero se ilumina cuando habla con la gente. Ella es así tanto si está hablando con una persona que lucha por sobrevivir como si habla con una celebridad.

Esta mañana su amor por la gente se puso de manifiesto cuando un inmigrante que le había dicho que volvía a la India se presentó con un regalo para ella. El regalo no tenía valor, pero representaba el gran aprecio que el individuo sentía hacia ella por ser haber sido amable, atenta y considerada con él. Ella protestó, pero él simplemente reiteraba que su amabilidad y bondad habían hecho que él quisiera obsequiarla con un recuerdo.

Mi esposa y yo acabamos de celebrar nuestro cincuenta aniversario y puedo recordar pocos regalos de cualquier tipo, valor o tamaño que ella haya recibido con tanto placer como el de este necesitado inmigrante. Ella estaba sinceramente conmovida. Esta virtud en ella es una de las razones por las que la quiero y por las que ella es tan popular entre la gente que la conoce.

El dinero comprará toda clase de cosas para mi familia, pero no comprará su amor.

La raíz de todos los males es la avaricia, y muchos, por dejarse llevar de ella, se extravían de la fe y a sí mismos se atormentan con muchos dolores.

1 Timoteo 6:10.

Confieso que una vez fui como un joven que equipara la seguridad al dinero y el dinero al éxito. Fui capaz de ver donde estaba equivocada mi perspectiva, porque la vida me había enseñado que la verdadera felicidad y el éxito total vienen de las cosas que el dinero no puede comprar. No me malinterpretéis. Me gustan las cosas que el dinero puede comprar, y apuesto a que a ti también. Me gusta la ropa elegante, una bonita casa, coches grandes y confortables, vacaciones de relax, ser miembro de un buen club de campo, etc.

Sin embargo, me encantan las cosas que el dinero no puede comprar. El dinero me comprará una casa pero no un hogar; una cama, pero no una buena noche de sueño; el placer, pero no la felicidad; un buen rato, pero no la paz de espíritu; y un compañero, pero no un amigo.

Si lo que buscas primero es un buen nivel de vida (dinero), probablemente podrás ganar grandes sumas de dinero, pero eso no será garantía de que tu calidad de vida mejorará. Sin embargo, si lo que buscas primero es calidad de vida, tu nivel de vida inevitablemente subirá. Con esta idea llegarás al final del camino de tu vida con algunas cosas más de las que el dinero puede comprar y con muchas más de las que el dinero no puede comprar.

Los chicos van donde hay emoción. Se quedan donde hay amor.

Lo que las saetas en las manos del guerrero, eso son los hijos de los años mozos.
Salmos 127:4.

En 1924 Bill Havens era uno de los mejores remeros de América, mucha gente pensaba que ganaría tres medallas – probablemente de oro – en los Juegos Olímpicos de París. Sin embargo, unos meses antes de los Juegos, Havens supo que su esposa daría a luz a su primer hijo durante su viaje a París. Bill decidió que no podía dejar a su esposa en este importante acontecimiento y cedió su puesto a otro.

En 1952 Bill Havens recibió un telegrama de su hijo Frank, que acababa de ganar una medalla de oro en la final de los 10.000 metros de canoa en las Olimpiadas de Helsinki, Finlandia. "Querido Papa: Gracias por quedarte hasta que yo naciera. Vuelvo a casa con la medalla de oro que tu deberías haber ganado. Tu hijo que te quiere, Frank.". Bill sabía que había tomado la decisión correcta.

Una de las ironías de la vida es que muchas veces los padres hacen horas extras o cogen un segundo trabajo para darle a su familia más de las "cosas buenas" de la vida. Sin embargo estudio tras estudio ha revelado que cuando se les da a elegir, los hijos de cuyos padres están trabajando tan duro preferían estar más tiempo con sus padres. Tu presencia dice más que los miles de regalos que puedas darles, por tanto, padres poned vuestras prioridades en orden.

Ningún hombre se perdió jamás en un camino recto.

Abraham Lincoln.

Nivela la senda de tus pies y sean rectos tus caminos.

Proverbios 4:26.

Hace varios años hubo un escándalo que salpicó a los Hermanos Solomon a causa de algunas irregularidades en sus seguros. La situación era tan seria que mucha gente llegó a temer que la compañía sería cerrada por el gobierno. El impacto económico habría sido tremendo. El señor Warren Buffet, el mayor accionista de Solomon Brothers, intervino y convenció a las agencias del gobierno para que no les "echaran los perros". Aunque él no había sido un personaje activo en la compañía, prometió al gobierno que se haría cargo de ella durante al menos un año hasta que todo se estabilizara.

Una de las ironías del caso es ésta: Las acciones ilegales de los representantes de Solomon Brothers suponían haber ganado 250.000 dólares de media por cada siniestro. Los que hicieron de modo legal supusieron una media neta de 1.5 millones de dólares. Esto me recuerda algo que mi madre me decía muchas veces cuando yo estaba creciendo. Ella me decía que "el camino correcto es siempre el mejor camino".

El señor Buffet siempre hace sus inversiones no al precio actual de mercado sino según la situación actual del funcionamiento de la empresa. Él sabe que hombres y mujeres construyen negocios, y si son hombres y mujeres de talento e integridad construirán un negocio próspero. Sí, la integridad al final te recompensa.

Tu actitud determina (establece) tu altura, y tú no puedes llegar más alto de lo que piensas que eres capaz.

Por lo cual, ceñidos los lomos de vuestra mente y viviendo sobriamente, tened vuestra esperanza completamente puesta en la gracia que os ha traído la revelación de Jesucristo.

1 Pedro 1:13.

En su libro *El Origen del Orador*, Glen Van Ekeren cuenta una fascinante historia sobre Josh O´Reilly y el equipo de béisbol San Antonio, el cual pertenecía a la Liga de Béisbol de Texas en aquellos días en que la liga de béisbol de segunda era realmente buena. Parecía que los nueve principales jugadores eran capaces de batear por encima de 300, y todos figuraban como "fuera de serie" en el campeonato de liga, cuando repentinamente todos cayeron en el desastre.

Entonces O´Reilly oyó algo acerca de un evangelista que era "capa de realizar milagros". En un momento de inspiración, O´Reilly cogió todos los bates que el equipo tenía, los puso en una carretilla, y fue a ver al Reverendo Slater. Cuando volvió, O´Reilly anunció a su equipo que cada bate había sido bendecido por Slater, y que esto les aseguraba el éxito. Como resultado, un milagroso cambio ocurrió.

La ironía, por supuesto, es que nadie supo nunca si realmente Slater había siquiera visto aquellos bates. Pero supongamos que sí. ¿Qué podría haberle hecho a un bate de béisbol? Creo que estaréis de acuerdo en esto – nada. Pero, ¿qué pudo hacer a la mente y a la actitud de los jugadores? Obviamente, algo grande. Sí, la actitud realmente marca la diferencia.

Una definición de insensatez es creer que puedes continuar haciendo lo que has estado haciendo hasta ahora y conseguir diferentes resultados.

Ese desvío llevará a los simples a la muerte, y la tranquilidad de los necios los perderá.
Proverbios 1:32.

El 15 de Mayo de 1930, las primeras azafatas de vuelo en los aviones recibieron las siguientes instrucciones:

Dar regularmente cuerda al reloj y al altímetro.

Tener el horario de trenes por si el avión no puede realizar el vuelo.

Avisar a los pasajeros de que no pueden tirar cigarros o cigarrillos por las ventanas.

Estar atentas a los pasajeros cuando van a los lavabos para asegurarse de que por error no salen por la puerta de emergencia.

Como pasajero habitual de avión, puedo asegurar que ninguna de estas instrucciones se mantienen en las modernas líneas aéreas de hoy en día. El cambio es inevitable y, en muchos aspectos es necesario. Sí, es estresante, pero también lo son el desempleo y la insolvencia – y eso es lo que afronta la persona que no desea cambiar. Básicamente, estoy hablando de un "crecimiento del cambio", no del cambio por el cambio. Cuando hablo del "crecimiento del cambio", simplemente quiero decir que estamos añadiendo cosas que no sabíamos hacer a nuestro conocimiento básico.

La mente trabaja de modo muy simple: La información antigua se mezcla con la nueva, y la combinación nos ayuda a llegar a algo completamente diferente. Cuando la gente está aprendiendo y creciendo, la creatividad interior les permite realizar los cambios a grandes zancadas.

Cuando decides ser agradable y positivo en tu modo de tratar a los demás, al mismo tiempo has decidido, en la mayoría de los casos, como vas a ser tratado por ellos.

*Haz por los demás lo que
quieres que ellos hagan por ti.*

Mateo 7:12.

Un día mi hijo Tom y yo, nos dirigíamos a casa desde Fénix, Arizona. Estaba granizando y había mucho tráfico. Cuando llegamos a la terminal, había 11.286 personas (aproximadamente), y la mayoría de ellas estaban enfadadas.

Según llegábamos a nuestra puerta de embarque, el agente parecía un hombre rubio de piel blanca, pero cuando estuvimos frente a frente ante él, vimos que era un llameante pelirrojo.

Cuando mi hijo y yo avanzamos para recoger nuestra tarjeta de embarque, yo amablemente saludé al agente de la puerta, como suelo hacer, con estas palabras "Buenos días, ¿cómo está?"

El joven me miró, y con una gran dosis de sarcasmo contestó, "¿Comparado con quién?"

Yo sonreí y le contesté, "Comparado con los que no tienen trabajo, ni ropa bonita y caliente que ponerse, o un edificio confortable en el que trabajar. Y especialmente comparado con aquellos que viven en lugares donde no hay libertad de expresión, de movimiento o de culto. ¿Cómo está?"

¡Hablemos del cambio en un ser humano! El individuo sonrió tan abiertamente que podría haberse comido un plátano abarcando los dos extremos. Entonces contestó, "Estoy mucho, mucho mejor – y gracias por recordármelo." El cambio de actitud del joven agente le llevó a realizar también un gran cambio en sus acciones.

Mientras reprimes a una persona, una parte de ti tiene que estar reprimida para mantenerla a ella abajo, eso significa que tu no puedes avanzar como podrías.

Marian Anderson.

Soportáos y perdonáos mutuamente siempre que alguno diera motivo de queja. Como el Señor os perdonó, así también perdonáos vosotros.

Colosenses 3:13.

Uno de los caprichos de la vida es que frecuentemente los padres, educadores, empresarios, entrenadores, etc., dicen a las personas a su cargo, "Voy a decirte algo por tu propio bien." Y entonces les dicen algo que es malo para ellos.

Hace años Sidney Harris se hizo ésta pregunta, "¿no es extraño?. Decimos a alguien, lo voy a hacer por tu bien, y después hacemos algo que es malo para él". Luego consideró la cuestión, "Me pregunto por qué cuando decimos a alguien que vamos a decirle algo por su propio bien, no lo cumplimos y le decimos algo que sea bueno para él. No tiene sentido.

No me mal interpretéis. Creo que todos nosotros necesitamos tener esas charlas del "viejo abuelo" de vez en cuando, en las cuales alguien nos indica lo que estamos haciendo mal. Pero el mensaje es enviado de modo que nos hace saber que nuestro consejero realmente se preocupa por nosotros y por lo que estamos haciendo. En la vida hay millones de personas que han ido más lejos de lo que pensaban que podrían, porque alguien ha pensado que sí eran capaces. Hay gente que aprovechó las buenas oportunidades porque alguien les animó diciéndoles algo bueno por su propio bien.

La motivación alimenta esa actitud que construye la confianza necesaria para sostener la persistencia.

Tenéis necesidad de paciencia, para que, cumpliendo la voluntad de Dios, alcancéis la promesa.
Hebreos 10:36.

Un equipo de fútbol está dominando a otro cuando una buena jugada surge en el equipo que va perdiendo, e inmediatamente a cada atleta del equipo le invade un sentimiento de excitación, alimentado por la esperanza que les hace volver a creer que pueden ganar el partido – y que ganarán el partido. Ellos sienten la victoria, y ese sentimiento es reforzado por la mirada en los ojos de los jugadores contrarios, muchos de los cuales están pensando, *¡esto aún no ha terminado!*

La vida es así. Cuando sentimos que algo positivo va a ocurrir, nos llenamos de energía. Cuando tememos que vamos a perder, perdemos energía y obtenemos malos resultados. Por eso la motivación es importante en los buenos tiempos y en los malos. Esa es la razón por la que una persona que quiere maximizar su vida, deliberadamente actuará con motivación, tan seguro como que pondrá comida en su estómago.

La introducción o desarrollo de una nueva idea, un pensamiento construido en la confianza, o un concepto que tenga sentido te dará energía, y te hará ganar fuerza dentro de ti. Actúa mejor y aprenderás más cuando estés arriba, porque ese será el momento de utilizar tu póliza de motivación. Seguir adelante cuando las circunstancias te han dado un revés es crucial para alcanzar el próximo nivel.

Comprueba los records. Nunca ha habido un campeón que fuera una persona indisciplinada. Dejando a parte el tema del esfuerzo, encontrarás que esto es verdad.

Ciudad derruida y sin murallas
es el que no controla su
temperamento.
Proverbios 25:28.

De acuerdo con el diccionario, "disciplina" significa "instruir o educar, informar a la mente, prepararse instruyéndose en los principios y hábitos correctos; avanzar y prepararse mediante la enseñanza". El autor Sybil Stanton dice que la disciplina verdadera no está a tu espalda fastidiándote con imperativos. Está a tu lado, empujándote con incentivos. Esto realmente construye esperanza para el futuro.

En una ocasión al gran violinista Isaac Stern le hicieron esta pregunta " ¿El talento nace con la persona?" Esta pregunta se la hicieron en referencia a una excepcional actuación del mismo Isaac Stern. El respondió "Si", con talento se nace pero el músico se hace. Llegar a ser un gran músico conlleva una gran disciplina, trabajo duro y talento. No importa la cantidad de talento ni el esfuerzo; Si el individuo no es personalmente disciplinado, mucho de su potencial seguirá siendo eso – potencial.

Roy L. Smith dice que "la disciplina es la purificadora del fuego por el cual el talento se convierte en habilidad."

El antiguo Secretario de Defensa Donald Laird dice, "Conseguirás hacer mucho más si te azotas a ti mismo con el látigo."

Une la disciplina al compromiso, y comprobarás que podrás hacer hoy lo que mucha gente no hará, y por tanto podrás tener mañana lo que la mayoría de gente no tiene.

Ganar no lo es todo
pero querer ganar sí lo es.

Vince Lombardi.

Gracias sean dadas a Dios, que nos da la victoria por nuestro Señor Jesucristo.

1 Corintios 15:57.

Me encanta la historia de Vince Lombardi entrenador de los Green Bay Packers, y de su jugador, Jim Ringo. Valoraba por encima de todo la disciplina y fue además uno de los más premiados entrenadores de la historia. Pero por encima de todo era enormemente respetado por su deseo de ganar y por su habilidad para conseguir lo máximo de sus jugadores.

En 1964 los salarios de los jugadores eran increíblemente más bajos que los de hoy, y Lombardi hacía todas las negociaciones. En pocas palabras decía, "Aquí está el contrato, fírmalo", y la mayoría de ellos lo hacían. Green Bay era un equipo ganador y los jugadores recibían muchos extras cuando jugaban en campeonatos internacionales. Sin embargo, Ringo sentía que él merecía más de lo que Lombardi le ofrecería, así que se llevó con él a un agente. Cuando se dirigían a la oficina de Lombardi, éste dijo, "Perdonadme un segundo, tengo que hacer una llamada." Unos minutos más tarde Lombardi volvió y les dijo a Ringo y a su agente, "Caballeros, están ustedes en la habitación equivocada." Asombrados ellos preguntaron, "¿Qué quiere decir?" Lombardi respondió, "Ringo, ya no jugarás más para los Green Bay Packers. Has sido traspasado al Filadelfia."

Lombardi era tajante. Cuando tomaba una decisión actuaba en consecuencia, y los resultados hablaban por sí mismos.

No eres viejo hasta que pierdes todas tus maravillas.

Anónimo.

La fortaleza es la gloria de los jóvenes; el ornamento de los ancianos, la canicie.

Proverbios 20:29.

Como ciudadano "de mediana edad", frecuentemente encuentro placer al ser un miembro del segmento de nuestra sociedad que crece más rápidamente. Al tener setenta años, he tenido ya suficientes cumpleaños como para ser clasificado como un hombre mayor hecho y derecho, pero tengo una "actitud" equivocada de acuerdo con el modo en que la gente normalmente piensa acerca de los ciudadanos mayores. Por ejemplo, honestamente creo que mi carrera está ante mí, y no detrás de mí, y tengo más energía a los setenta de la que tenía a los cuarenta y cinco.

Cuando Bismark era Canciller de Alemania en la década del 1870, observó que todos sus enemigos poderosos eran hombres de sesenta y cinco años o más. Entonces convenció a la asamblea legislativa de que cambiara la edad obligatoria de jubilación a los sesenta y cinco años.

¡Es una absoluta tragedia animar a la gente a retirarse cuando están es el apogeo de su intelecto, sabiduría y experiencia! ¿Podría ser esa la razón por la que la única vez que la Biblia menciona el retiro lo hace como un castigo?

Winston Churchill inició su protesta contra Hitler como Primer Ministro a los sesenta y cinco años, y en su ochenta y siete cumpleaños un joven reportero le comentó, "Señor Winston, espero felicitarle en su 100 cumpleaños." Churchill rápidamente contestó, "¡Podría ser. Usted parece un hombre sano!"

Observa tus pensamientos,
se convertirán en palabras.

Observa tus palabras,
se convertirán en acciones.

Observa tus acciones,
se convertirán en hábitos.

Observa tus hábitos,
se convertirán en tu carácter.

Observa tu carácter,
se convertirá en tu destino.

Lema, Metropolitan Milwaukee YMCA.

Hermanos, atended a cuanto hay de verdadero, de honorable, de justo, de puro, de amable, de laudable, de virtuoso y de digno de alabanza; a eso estad atentos.

Filipenses 4:8.

Mi amigo Rabbi Daniel Lapin, en su publicación Herramienta del Pensamiento, nos da una valiosa enseñanza.

Si escuchamos como otros son calumniados, a pesar de resistirnos a creer lo que oímos, nuestra relación con el individuo vilipendiado se verá alterada para siempre. Escuchar los cotilleos normalmente nos hace sentir insatisfechos con nuestro cónyuge, hijos, empleados, amigos o con nuestra vida en general. Cotillear nosotros mismos normalmente nos hace sentir menos honestos. Las palabras penetran en nuestras mentes y no pueden ser borradas o ignoradas.

Supera tus inhibiciones hablando de ti mismo. Habla apasionadamente de ti mismo. Prepara tus discursos leyéndolos en voz alta. Una mente ganadora es la consecuencia de escuchar palabras que penetran justo en el corazón de la personalidad.

Si realmente deseamos creer en algo, deberíamos decírnoslo a nosotros mismos en voz alta, en vez de pensarlo en silencio.

Ya que recordamos mucho mejor aquello que oímos, leer en voz alta incrementa nuestro vocabulario, nuestra fluidez y nuestra variedad de ideas. Por encima de todo, nos inspira.

Cada vez que dices algo bueno sobre alguien en tu vida, tú mismo te lo crees más.

A través del discurso en voz alta uno puede incrementar sustancialmente sus sentimientos internos de armonía y satisfacción hacia ciertos hechos inamovibles de la vida de uno mismo. Rezar a Dios nos ayuda a tener una relación más cercana con Él. Esto es parte de la base para rezar en voz alta.

Al seguir una brújula moral que señala siempre la misma dirección, a pesar de las modas o la tendencia, encontramos armonía y paz interior.

Ted Koppel.

Dichoso aquel varón que no se deja llevar de los consejos de los malos, ni se detiene en el camino de los pecadores, ni se asienta en la cátedra pestilencial de los libertinos.
Salmo 1: 1

El Senador Frank Carlston de Kansas escribió:

Dios y el mundo necesitan hombres que permanezcan en el anonimato ... hombres que nos estén en venta; hombres que sean honestos, estables desde el centro hasta su circunscripción, verdaderos en el centro de su corazón; hombres con conciencia tan estables como una aguja que señala el norte; hombres que apuesten por lo que es correcto aunque el cielo se desplome y la tierra se tambalee; hombres que puedan decir la verdad mirando al mundo a los ojos; hombres que ni fanfarroneen ni se apresuren en sus juicios; hombres que no flaqueen ni se acobarden; Hombres que demuestren coraje sin levantar la voz; hombres en los que el coraje por la vida permanezca inalterable, profundo y fuerte; hombres que sepan cual es su mensaje y lo comuniquen a los demás; hombres que sepan cual es su lugar y lo llenen; hombres que conozcan su negocio y lo atiendan; hombres que no mientan, escamoteen o escurran el bulto; hombres que no sean perezosos a la hora de trabajar, ni demasiado orgullosos para ser pobres.

El Senador Carlson describió una gran necesidad de nuestro país hoy en día. Lo increíble es que todo lo que el Senador Carlston ha descrito puede enseñarse. Sin embargo, es necesario que se enseñe en casa, reforzado en las aulas, llevado a cabo en las empresas, y practicado en el terreno político.

La gente excepcional tiene una cosa en común: un absoluto sentido de misión.

Todo el engendrado de Dios vence al mundo; y ésta es la victoria que ha vencido al mundo, nuestra fe.

1 Juan 5:4.

James Usher, un muchacho afroamericano que nació
y pasó sus primeros años de vida en Pontotoc,
Mississippi no sabía que no tenía ninguna oportunidad en la vida. A los doce años ganaba 160 dólares
cortando césped trabajando con su mejor amigo
Steve que era caucasiano y vivía al otro lado de la
calle. La madre de Steve la Señora Colleen White,
amparó a James y fue su benefactora de modo indeci-
ble.

A pesar de haber sido votado por sus compañeros
como el "peor candidato al éxito", hoy en día este
joven brillante, altamente motivado y con gran confianza en sí mismo, posee varios negocios y es un
gran orador motivacional y un instructor demostrado.
Proporciona becas para estudiantes y ayuda a aquellos
que tienen necesidades económicas. James es un
miembro activo de su iglesia y es modesto acerca de
sus logros. Hace años su objetivo era llegar a ser rico
a la edad de treinta y cinco años de modo que pudie-
ra dedicarse el resto de su vida a ayudar a otras personas a realizar y acelerar sus sueños.

Una de las mayores preocupaciones de James la nega-
tividad que impregna a muchos de los de su raza.
Demasiados de ellos han perdido la esperanza, y esa
es la razón por la que él se ha comprometido a pro-
porcionarles la instrucción y el coraje que marcará la
diferencia en sus vidas. James Usher es un ejemplo
para todos nosotros.

Nadie puede hacerte sentir inferior sin tu consentimiento.

Eleanor Roosevelt.

Hechura suya somos, creados en Cristo Jesús, para hacer buenas obras, que Dios de antemano preparó para que en ellas anduviésemos.

Efesios 2:10.

Filadelfio Rael nació en un pobre rancho en Nuevo Méjico, y su escolarización acabó en el tercer grado. De niño trabajó para los granjeros y los rancheros y vendía leña que el mismo recogía para ayudar al mantenimiento de sus padres y hermanos. Cuando se casó, él y la señora Rael tuvieron seis hijos. Filadelfio trabajaba duro en la fábrica de acero local donde su salario era justo el suficiente para ir pasando de semana a semana.

En Agosto de 1969, comenzó a limpiar jardines. En su primer día de trabajo trajo a casa 35 dólares. Durante varios años Filadelfio trabajó siete días a la semana para mantener su negocio, Servicios de Limpieza Rael, al mismo tiempo que trabajaba a jornada completa en la Corporación del Acero CF&I.

En 1996 una gran explosión en la Corporación del Acero CF&I, le dejó seriamente malherido, pero para entonces ya había traspasado su negocio de limpiezas a sus hijos y se estaba dedicando a la cría de caballos. Los médicos le aconsejaron que se mantuviera alejado de los caballos, ya que las graves quemaduras que había sufrido en la explosión corrían peligro de infectarse. Sin embargo, hoy en día él disfruta tirando el lazo y participando en competiciones recibiendo muchas satisfacciones de sus caballos.

Como cristiano, Filadelfio y su familia creen que su fe les ha dado todo lo que él ha sido capaz de hacer. Además, añadiría que su coraje, trabajo duro, y su actitud de "nunca decir no puedo" le han ayudado considerablemente.

La confrontación no siempre da una solución al problema, pero hasta que no te enfrentes al problema, no habrá solución.

James Baldwin.

Seguiremos la verdad en todo momento, hablando verdaderamente, comportándonos verdaderamente, viviendo verdaderamente.

Efesios 4:15.

Durante varios años, la fama del equipo de fútbol los Miami Hurricanes, era la de "los chicos malos del barrio." Luego ellos contrataron a Butch Davis, el antiguo coordinador de la defensa del Dallas Cowboys, para dirigir al grupo de preparadores físicos. Sus técnicas de entrenamiento y de relación con la gente son magníficas. Una de las primeras cosas que hizo cuando llegó a la Universidad, aparte de enseñar los puntos clave de un buen entrenamiento, fue empezar a enseñar el desarrollo del carácter, haciendo énfasis en que lo que los jugadores hicieran fuera del campo de juego tenía estrecha relación con su comportamiento dentro del campo.

En la temporada de 1996, Davis despidió a once jugadores, uno de los cuales venían de la primera categoría americana y varios otros eran principiantes. Esto supuso un claro mensaje para el resto del equipo así como a todos los jugadores de las ligas de bachillerato en toda América. Hoy en día, muchos de estos jugadores principiantes van a Miami buscando el carácter que el entrenador Davis ha implantado. El les explica a sus asistentes que en el reclutamiento de jugadores "se les perdonará tener un error al calibrar el talento, pero serán condenados si cometen un error en el carácter del jugador." El dice, "No hay excusa para este tipo de errores."

EL está preparando a muchachos jóvenes para ganar partidos de fútbol pero, lo que es más importante, está preparándolos para la vida. Esa es una gran propuesta a seguir, Entrenador Davis.

Es más noble amar a la persona que está a tu lado que amar a la humanidad en general.

Amémonos unos a otros, porque la caridad procede de Dios, y todo el que ama es nacido de Dios y a Dios conoce.

1 Juan 4:7.

La clave para construir una relación feliz e incluso romántica con nuestros compañeros, es comprender que hombres y mujeres somos diferentes. Por ejemplo, mujeres, vosotras necesitáis comprender claramente que a vuestros maridos no les importa lo que hacen en la televisión. Todo lo que quieren saber es qué más hacen en televisión, qué hacen en otros canales.

La habitación más importante y romántica de la casa es cualquiera menos el dormitorio – la cocina, el despacho, el estudio o el lavadero. Aquí es donde se establecen la amistad, las relaciones y la comunicación, y es donde afirmas que tu compañero/a es importante para ti y es mucho más que un objeto sexual.

Las llamas de la pasión empiezan brillando ardientemente pero disminuyen con los años. Sin embargo, las llamas de la amistad se incrementan más y más. Hablo después de cincuenta años de matrimonio con la misma bonita pelirroja. Hoy hablamos más y disfrutamos de las pequeñas cosas más que nunca. Esta mañana, mientras me abrazaba, me recordó el espectáculo sobre hielo que empieza a las 7:30 esta noche. Inmediatamente le sugerí que saliéramos a las cinco, nos aseguráramos una buena plaza de aparcamiento, y cenáramos juntos. Ella estuvo de acuerdo y dijo, " Eh, ¡eso es una cita! Ese es el modo en que las llamas románticas permanecen ardiendo.

El éxito es conocer la
diferencia entre
arrinconar a la gente y
llevar a la gente a tu
rincón.

*A la manera que en un solo cuerpo
tenemos muchos miembros, y todos los
miembros no tienen la misma función, así
nosotros, siendo muchos somos un solo
cuerpo en Cristo, pero cada miembro está
al servicio de los otros miembros.*

Romanos 12:4-5.

Los logros en el baloncesto de Michael Jordan han sido ampliamente documentados por muchos escritores en todo el mundo. Sin embargo, la mayoría de la gente pasa por alto el hecho de que él es, y siempre ha sido, un consumado jugador de equipo. Tiene gran confianza en su propia habilidad para marcar canastas cruciales, no se lo piensa dos veces a la hora de pedir el balón en situaciones críticas, y le encanta cuando se le pone a prueba. Pero Michael nunca ha dudado a la hora de pasar la pelota a un compañero mejor situado. Su confianza en ellos permite también a los otros jugadores alcanzar nuevas alturas.

Una demostración clásica tuvo lugar en las series eliminatorias en 1997 entre el Chicago Bulls y el Utah Jazz.

Quizás la jugada más significativa de las series tuvo lugar en los últimos segundos del sexto partido en Chicago. A cinco segundos del final, Jordan estaba acorralado de modo que no podía lanzar. Sin dudar, lanzó la pelota a Steve Kerr, el cual con un salto de diecisiete pies lanzó desde detrás de la línea de tiros libres y consiguió tres puntos.

La confianza de Jordan en Kerr fue un factor determinante para que Kerr hiciera el lanzamiento que acabó con las series.

Eso es juego en equipo. Todos necesitamos recordar que los puntos se marcan individualmente pero que los partidos los ganan los equipos.

El mayor bien que podemos hacer a otras personas no es compartir nuestras riquezas con ellos, sino hacerles ver a ellos sus propias riquezas.

Mejor adquirir sabiduría que adquirir oro, tener inteligencia vale más que tener plata.
Proverbios 16:16.

Muchos de vosotros recordáis la película *"Stand and deliver"*, la historia de Jaime Escalante, un inmigrante de Bolivia que daba clases en el Instituto Garfield en el centro de Los Angeles. El consiguió importantes resultados con estudiantes especialmente difíciles.

Una historia no representada en la película fue la de "el otro Johnny". Escalante tenía dos estudiantes en su clase llamados Johnny. Uno era un estudiante de sobresaliente, el otro era un estudiante de suspenso.

Una tarde en una reunión de padres de alumnos, una madre se acercó Escalante y le preguntó, "¿Cómo va mi Johnny?" Escalante se imaginó que la madre de Johnny, el de los suspensos, no haría esa pregunta, así que le describió en términos generales al Johnny de los sobresalientes. A la mañana siguiente, Johnny – el de los suspensos – se acercó al señor Escalante y le dijo, "Aprecio realmente lo que le dijo a mi madre sobre mí, y sólo quiero que sepa que voy a trabajar duro para que lo que usted dijo sea verdad." Al final del trimestre, Johnny era un estudiante con notas medias; y al final de curso escolar, estaba entre los de matrícula de honor.

Si tratamos a los demás como si fueran "el otro Johnny", éstos tendrán mejores oportunidades y, de hecho, sus actuaciones mejorarán.

Tomar buenas decisiones conlleva unos fundamentos basados en el carácter los cuales nos impactarán ahora y de ahora en adelante.

Hijo mío, no la pierdas nunca de vista; guarda siempre la prudencia y el consejo, que serán vida para tu alma y gracia para tu cuello.

Proverbios 3:21-22.

La cantautora Madame Ernestine Schumann- Heink hizo un sensible acorde con todos nosotros cuando escribió estas profundas palabras:

El hogar es la primera escuela y la primera iglesia para los jóvenes, es donde aprenden lo que es correcto, lo que está bien y lo que es amable, es donde van en busca de cuidados cuando están heridos o enfermos; es donde comparten la alegría y alivian el dolor. Donde los padres y las madres son respetados y amados; donde los niños son queridos; donde la más simple comida es manjar de reyes porque ha sido ganada con esfuerzo. Donde el dinero no es tan importante como el amor. Donde incluso la tetera canta de felicidad. Eso es un hogar. Dios lo bendiga.

Desafortunadamente, en el mundo actual no se encuentran muchos hogares que encajen con esta descripción. Muchos padres no proporcionan ni la protección ni el consejo, ni el amor ni el cariño que dan la oportunidad a un bebé de llegar a ser un feliz y productivo ciudadano en el futuro.

Además de comida, abrigo, y ropa, los niños necesitan amor y afecto. Y al final de su primer año de vida, los padres y los cuidadores deberían leer a sus niños. Los valores éticos y morales deberían ser enseñados en casa desde el principio. Teniendo como base la construcción de un carácter sólido, nuestros hijos llegarán a tener éxito.

Aquel que de algún modo no vive para los demás apenas vive para sí mismo.

Montaigne.

Vosotros, hermanos, habéis sido llamados a la libertad; pero cuidado con tomar la libertad por pretexto para servir a la carne, antes servíos unos a otros por la caridad.

Gálatas 5:13.

El mayor seminario del mundo es el Seminario Bautista Teológico Southwestern en Fort Worth, Tejas. Sin embargo, ha llegado a atravesar momentos muy duros. Durante la depresión de los años treinta, su economía iba tan mal que no podían pagarse los salarios. En septiembre de ese año, el presidente del Southwestern, el Doctor R.L. Scarborough, entregó al Comité Ejecutivo de la Convención Bautista Southern un documento que fue recibido con gran tensión.

El Doctor Scarboroug dijo, "Compañeros, estamos en las últimas. Durante dos años no hemos pagado los salarios del profesorado. Pasará otro año hasta que volvamos a tener los ingresos de las cuotas. Aquí está mi dimisión y os devuelvo mis derechos de participación en el Seminario."

Después de unos momentos de silencio sepulcral, el Dr. Sempe, presidente del Seminario, se levantó y dijo, "Podría perder mi trabajo por lo que estoy a punto de decir. El Seminario Southern tiene algunos ingresos de donaciones con los cuales podemos sobrevivir. Propongo que la asignación que se destina al Seminario Southern sea recortada y la diferencia sea dada al Southwestern." La compasión y la cooperación libres de egoísmos evitó un desastre financiero, y permitió la posibilidad de continuar.

Esa acción llevada a cabo hace casi setenta años ha tenido y continuará teniendo efectos a largo plazo. Elimina el egoísmo de tus acciones en todas las áreas de tu vida.

Si expresamos nuestra gratitud por lo que tenemos, tendremos más por lo que expresar gratitud.

Hablad entre vosotros con salmos, himnos y cantos espirituales, cantando y salmodiando al Señor en vuestros corazones, dando siempre gracias por todas las cosas a Dios Padre en nombre de nuestro Señor Jesucristo.

Efesios 5:19-20.

En su último libro, el psiquiatra Louis Cady hace esta observación:

> *Gracias por Nada. Tanto si uno cree en la existencia de un Ser Supremo como si no, la sensación de que no hay nada por lo que estar agradecido a alguien ahí fuera, es en mi opinión profesional, el primer paso para entrar en una resbaladiza cuesta abajo hacia el nihilismo, la desesperación, la autocompasión, el aislamiento, la depresión y la muerte.*
>
> *Si no tenemos nada por lo que estar agradecidos, abandonemos la gratitud por el milagro de la nueva vida que emerge cada primavera cuando las flores y los árboles florecen, y por el llanto de cada recién nacido. Si no tenemos nada por lo que sentirnos agradecidos, abandonemos todo amor, respeto y devoción hacia nuestros padres que hicieron todo lo que pudieron por nuestro bien.*
>
> *Si no tenemos nada por lo que sentirnos agradecidos, establezcamos que inequívocamente no nos preocupamos en absoluto por nuestros maravillosos cuerpos, los cuales, a la mayoría de nosotros, nos llevan a donde queremos y son capaces de maestrías atléticas. Olvidemos que con ejercicio moderado podemos estar en buena forma y vivir con plenitud, disfrutando de nuestras "vacaciones en la tierra."*

El Dr. Cady nos ha recordado a todos algo por lo que estar agradecidos.

Perdonar es pasar por alto una ofensa y tratar al ofensor como no culpable.

Sed más bien unos para otros bondadosos, compasivos, y perdonáos los unos a los otro, como Dios os ha perdonado en Cristo.

Efesios 4:32.

El perdón es peligroso. Muchos de vosotros al leer esta afirmación os preguntaréis el por qué de la misma ya que siempre se os ha dicho que el perdón es un deber si quieres que tu futuro alcance todo su potencial. Y tenéis razón – pero la razón por la que el perdón es peligroso es que cuando otros te han utilizado o han abusado de ti y tú les has perdonado, ya nunca más vas a tener una excusa convincente para no alcanzar el éxito en la vida.

El perdón es uno de los pasos más importantes que darás. Martha Thorilius lo consideró de este modo: "¿No son mucho más graves las consecuencias de la cólera que sus causas?" Bill O´Hearn dice, "Necesitamos comprender que en la vida se nos han dado muchas dosis de energía y que cada vez que amas a alguien o eres amable con alguien se te da una porción extra de esa energía."

No solo deberíamos perdonar sino que necesitamos desarrollar una naturaleza alegre para acompañar ese perdón. H.G. Wells nos dice por que: "Mientras haya una oportunidad para acabar con los problemas del mundo, yo sostengo que un hombre razonable debe comportarse como si estuviera seguro de poder hacerlo. Si al final tu animosidad no ha estado justificada, al menos habrás conseguido tener ese ánimo."

Si todos fueramos perfectos, no habría necesidad de amor en este mundo.

Este es mi precepto: que os améis unos a otros como yo os he amado.

Juan 15:12.

Es verdad que nadie acaba el día o la semana, y mucho menos su vida, sin que alguien con quien vive o trabaja "meta la pata". Tu compañero/a podría olvidarse de recoger tu ropa de la tintorería de camino a casa. Tu ayudante olvida darte un mensaje importante. Tu marido cierra la puerta de golpe y despierta al bebé. Tu hijo olvida poner gasolina al coche.

¿Cómo te las arreglas con aquellos que amenazan con hundir tu barca? Lo primero que haces es comprender que aquél que te ofende, con toda probabilidad, no lo hace con mala intención. Simplemente se olvida de hacer las cosas. Puede ser que estuviera distraido debido a su ocupada agenda o puede ser que se olvidara de anotar lo que tenía que hacer, sin darse cuenta de la importancia que tenía o pensando que no era un tema por el que preocuparse demasiado.

Después, te pones a ti mismo en la situación de esa persona. ¿Puedes comprender por qué o cómo metió la pata? En tercer lugar, evalúas el hecho en el contexto de tu relación con esa persona. ¿Realmente pesa tanto en una relación a largo plazo?

Finalmente, y con mucha amabilidad le dices al que te ha ofendido que aunque sabes que no lo hizo con mala intención, apreciarías que fuera más cuidadoso en el futuro. Hazlo así y tus relaciones serán más satisfactorias y duraderas.

Si no eres generoso con una renta escasa, jamás serás generoso en abundancia.

Harold Nigh.

*Dad y se os dará ... La medida
que con otros usaréis, esa se
usará con vosotros.*

Lucas 6:38.

Betty Noyce era "de fuera", como suele decirse en Maine. Había vivido en el Valle Silicon durante veinte años con su marido Robert, el Fundador de la Intel Corp. Cuando su matrimonio acabó en 1976, se marchó con sus cuatro hijos y 40 millones de dólares. Entonces fue a Maine donde se le curaron sus heridas y por eso se quedó para devolver el favor.

Primero, dió a su vecindario una biblioteca y un campo de golf. Después, al tiempo que ella y su fortuna crecían, creo empleos. Quería donar 1 millón de dólares a la televisión pública, pero no extendió un cheque. Construyó cinco casas, para lo cual dió empleo a arquitectos y carpinteros, y donó el dinero de las ventas.

En su funeral, Owen Wells, su amigo y abogado dijo, "Recibir una fortuna y aceptarla no como un golpe de suerte sino como una misión, como ella hizo, representa una clase de moral extraordinaria."

"Sólo espero marcar una pequeña diferencia en mi propia comunidad," ella había dicho. "Egoístamente, doy allá donde mi donación pueda hacer mi entorno más inmediato más seguro, más limpio, más luminoso, …Lo dejo todo a aquellos que hagan tanto como puedan por sus vecindarios. Y ese es el modo en que este amplio mundo mejorará." Betty Noyce era una persona que marcaba diferencias.

Haz lo que puedas por ti mismo y por aquellos que te han hecho ser como eres.

Emerson.

¿No sabéis que los que corren en el estadio todos corren, pero uno solo alcanza el premio? Corred, pues, de modo que lo alcancéis.

Corintios 9:24.

Tú has tenido dos padres y cada uno de ellos tuvo a su vez dos padres, y en total has tenido cuatro abuelos. Antes de eso, tú tuviste ocho bisabuelos, dieciséis tatarabuelos, treinta y dos tataratatarabuelos. Si sigues esa línea dejando una media de 25 años entre generaciones, eso simplemente significa que hace 500 años había 1.048.576 personas en el mundo implicados en tu creación.

Ahora, si calculas la inversión media de tiempo que ha sido gastada por tus padres, profesores, los agricultores que han cultivado la comida que te ha alimentado, y los trabajadores que han construido los automóviles que has conducido, las cifras incrementan aún más. Ahora añade los colegios, las iglesias, las oficinas, los comercios y grandes almacenes, etc., en los cuales has trabajado y comerciado, y únelo a los obreros que pavimentan las calles, los médicos que han cuidado de ti, los dentistas que han sanado tus dientes, los autores que han escrito los libros que has leído y estudiado – las cifras se hacen realmente impresionantes.

Cuando consideras estas cuestiones por un momento, eres el único que puede hacer uso de la educación y el talento que tienes y al que todas estas personas han contribuido. Tienes la increíble responsabilidad de hacer que todo ese esfuerzo tenga una recompensa, ¿no es verdad?

Muchos de los que aspiran al liderazgo fracasan porque no han aprendido a obedecer. Son como niños jugando a la guerra en la calle. Cuando todo está tranquilo preguntas, "¿es que hay una tregua?" Ellos responden, "no, todos somos generales. Nadie obedece la orden de atacar."

J.Oswald Sanders.

Sed imitadores míos, como yo lo soy de Cristo.
1 Corintios 11:1.

Cal Ripkin tiene un padre que se tomó un gran interés en él y que le enseñó todo lo que sabe sobre el béisbol. Cuando su padre jugaba al béisbol, pasaba mucho tiempo lejos de su familia, pero cuando estaba en casa pasaba todo el tiempo con sus hijos. El chico rápidamente comprendió que "con el béisbol como excusa podría pasar mucho tiempo con su padre." Así cuando su padre iba a la enfermería para sus revisiones los sábados por la mañana, Cal iba con él.

Cal cree en la ética de trabajo de su padre y en su deseo de ganar. Recuerda el día en que decidió limpiar el coche de su padre sin que este se lo pidiera. Cuando su padre vio lo que estaba haciendo, Cal dijo, "fue uno de esos momentos en los que hay conexión entre padre e hijo. Estaba orgulloso de mí por haber tomado la iniciativa." Cal dice, "Recuerdo ver esa mirada especial en su cara, aquella mirada que veía tantas veces cuando hacía una carrera y rodeaba las bases."

Muchos de nosotros fracasamos a la hora de reconocer que somos modelos de comportamiento, y que la gente nos observa. Cuando conseguimos dar buen ejemplo no sólo favorecemos a los demás sino a nosotros mismos.

Ten cuidado en como pasas tus 1.440 hermosos momentos de este dia, y gasta esos momentos sabiamente.

No sabéis cual será vuestra vida
de mañana, pues sois humo,
que aparece un momento y al
punto se disipa.

Santiago 4:14.

Al principio de cada año tienes 525.600 minutos en tu cuenta bancaria. La cuestión principal es, "¿Qué uso harás de esos minutos?" No es necesario decir que ninguno de ellos está garantizado, pero, ¿qué estás haciendo con los que tienes en este preciso momento?

Cuantas veces le has dicho a alguien o has oído decir a alguien, "Es que no tengo tiempo". Continuamente oímos que las parejas están más ocupadas que nunca y cada vez tienen menos tiempo uno para el otro e incluso para sus familias, todo esto a pesar de que actualmente la tecnología nos proporciona muchos aparatos que nos ahorran trabajo. Más que nunca en toda la historia. Por otro lado, en muchos países del tercer mundo, en especial los del interior, hay pocos relojes, si es que hay alguno y a pesar de ello, parecen tener mucho tiempo para sí mismos.

¿Por qué decimos "no tengo tiempo" si desde el principio del mundo ha habido veinticuatro horas en el día de cada persona? ¿Podría ser que no utilizamos nuestro tiempo sabiamente? Es cierto que si no programamos nuestro tiempo, alguien se lo llevará. Confío en que te hayas dado cuenta que la gente que no tiene nada que hacer, como norma general, quiere hacerlo contigo. El mensaje es claro: Organización. Establece tus prioridades. Síguelas dando lo mejor de ti.

La negación no es un rio de Egipto; la negación es ignorar lo obvio.

¡Oíd sordos; mirad ciegos, y ved!

Isaías 42:18.

Desde el principio de los tiempos el hombre ha empleado cualquier esfuerzo para "rechazar el sistema" o para "eludirlo" en todo lo que puede. Mucha gente cree que "es más fácil conseguir el perdón que obtener el permiso." Un ejemplo clásico de esto tuvo lugar después del 27 de Abril de 1989, cuando el uso obligatorio de los cinturones de seguridad se hizo efectivo.

El emprendedor Claudio Ciaravolo, un psiquiatra de Nápoles, Italia sacó partido de esta ley obligatoria del cinturón de seguridad. Inventó una "camiseta de seguridad", la cual era simple en diseño pero bastante enrevesada en concepto. Era una camiseta blanca con una banda diagonal negra diseñada para engañar a la policía haciéndole creer que el dibujo de la banda era un cinturón abrochado.

El Doctor Ciaravolo y el conductor habían "engañado" a la ley, pero en última instancia no habían engañado a nadie más que a sí mismos, y con el primer accidente se puso de manifiesto lo estúpido de su invento.

¿Recordáis cuando el tamaño de una caja de jabón, cereales o caramelos, era un excelente indicador del volumen de su contenido? Desafortunadamente esto ya no es así. El resultado inevitable de ello es un cliente insatisfecho y, en muchos casos, un cliente que se convierte en un ex – cliente. Es acertado decir que aquellos que "juegan limpio" son los que, al final, más se benefician.

Cuando surgen los obstáculos, cambia tu dirección para alcanzar la meta, pero no tu decisión de llegar allí.

Nos quedamos perplejos porque no sabemos porque ocurren algunas cosas, pero no nos desanimemos ni abandonemos.

2 Corintios 4:8.

Mucha gente ha conseguido grandes cosas porque no sabían que podían ser hechas. Henry Ford no tenía un céntimo a la edad de cuarenta años y tenía una educación muy limitada, pero era un hombre con visión de futuro. El señor Ford concibió la idea de que el motor de 8 válvulas era algo posible. Sus ingenieros se mofaban de la idea, pero como él era el jefe, trabajaron un poco en ello aunque sin ninguna ilusión antes de decirle que era algo imposible. El señor Ford, sin embargo, insistió en que sus hombres se esforzaran más. Ellos lo hicieron, pero llegaron a la misma conclusión: Imposible. Cuando de nuevo le dijeron al señor Ford que era imposible, estuvo muy cerca de perder los nervios y les dijo a sus hombres que sin más discusión él tenía que conseguir el motor de 8 válvulas. Esta vez los hombres atacaron el proyecto con un vigor nuevo y el motor de 8 válvulas se convirtió en una realidad.

¿Cuántas veces hemos estado convencidos de que algo no se puede hacer, y luego alguien que ni siquiera sabe que eso pueda hacerse añade una idea y lo consigue?

El señor Ford tenía una idea que era nueva, y el sentido común le decía que funcionaría. Cuando tengas estas ideas "descabelladas", trabaja en ellas y, quien sabe, quizás descubras que hay en ti un joven Henry Ford en potencia.

Tu mente actua según tú la alimentas.

Atended a cuanto hay de verdadero, de honorable, de justo, de puro, de amable, de laudable, de virtuoso y de digno de alabanza; a eso estad atentos.

Filipenses 4:8.

Hace varios años un artículo en el New York Times señalaba que mucha gente tiene razones para ser negativa sobre sí mismos y sobre sus vidas. Si fueron azotados por la pobreza de niños, se abusó de ellos o fueron abandonados, no conocieron el amor y nunca tuvieron una palabra de ánimo, entonces ¡No es de extrañar que sean negativos!

¿Qué puedes hacer si encajas en esta categoría? Primero, acepta el hecho de que el fracaso es un hecho, no una persona; que ayer realmente acabó anoche, y hoy es un nuevo y flamante día. Segundo, necesitas comprender que eres quien eres y lo que eres y donde estás es así debido a lo que ha entrado en tu mente. Cuando cambies tu modo de pensar cambiarás tus acciones; cuando cambies tus acciones, cambiarás tu futuro.

Entonces la pregunta es, "¿Qué introduces en tu mente?" Haz el propósito de leer libros que sean optimistas y animosos. Asiste a seminarios con otras personas también optimistas y animosas. Escucha cassettes de motivación e inspiración cuando vas en el coche. En cuestión de días tu forma de pensar lenta pero seguramente, empezará a cambiar. En cuestión de meses estarás firmemente encaminado hacia la dirección correcta con unas metas cuidadosamente establecidas y una buena oportunidad para alcanzarlas.

La educación y la inteligencia no son la misma cosa.

Con lo mejor de tus riquezas adquiere la sabiduría, con todo lo que posees compra la inteligencia.
Proverbios: 4:7.

La versión original de un folleto de fondos de inversión:

Las decisiones en la administración de fondos acerca de su vencimiento y duración se hacen siempre teniendo como orientación un vencimiento intermedio. La estructura de vencimientos de una cartera de acciones se basa en el anticipo de los cambios cíclicos de las tasas de interés. Tales ajustes no se hacen para calcular los movimientos del mercado a corto plazo, es decir, en el día a día, sino que se ejecutan según la anticipación a largo plazo, los cambios seculares en los niveles de las tasas de interés (por ejemplo cambios que trasciendan y/o no sean inherentes al ciclo de la economía).

Versión del mismo folleto de fondos de inversión según Warren Buffet:

Intentaremos obtener beneficios prediciendo correctamente futuras tasas de interés. Cuando no tengamos una opinión clara, normalmente nos decantaremos por los bonos a plazo medio. Pero cuando esperemos un incremento de intereses importante y sustancioso, nos concentraremos en las emisiones a corto plazo. Y a la inversa, si esperamos un cambio importante a la baja, compraremos bonos a largo plazo. Nos centraremos en lo seguro y no haremos movimientos basados en consideraciones a corto plazo.

Pregunta: "¿A cuál de estas explicaciones contestarías primero?" ¿No es cierto que la mayoría de nosotros nos decidimos a pasar a la acción sólo en aquello que entendemos? Sólo recuerda que cualquier cosa que pueda ser malentendida será malentendida.

La persona más
desamparada del
mundo es aquella
sin una sonrisa.

*Habéis de poner toda diligencia por
mostrar en vuestra fe virtud, en la
virtud ciencia, en la ciencia
templanza, en la paciencia templanza,
en la templanza piedad, en la piedad
fraternidad y en la fraternidad
caridad.*

2 Pedro 1:5-7

U na sonrisa.

Esto es una historia, una historia de arrepentimiento
Escribo esta historia para que no la olvidéis
Una historia de un corazón roto
En repetidas ocasiones
Hasta que un día decidió que ya había tenido suficiente
Quería dejar todo el dolor atrás
Ninguna persona compartiría su amor
Ni siquiera una simple caricia
Nunca nadie le ofrecería una sonrisa
Sólo una sonrisa, pero significaba tanto para ella
Que si alguien lo hubiera hecho habría seguido viviendo
Pero yo estaba ocupado, esa era mi excusa
Este corazón había caminado tres millas
Buscando solamente una sonrisa
Se paró en el puente
No encontró tampoco allí una sonrisa
Tranquilamente miró hacia abajo
Pronto la muerte la rondaría
Al día siguiente
Aquel corazón fue encontrado
Estaba hundido en el mar
Dentro de él no había rastro de amor
Todo lo que ese corazón necesitaba era una sonrisa
Pero cientos de personas pasaron ante él todo ese tiempo
Siempre veo la cara de esa chica en mis sueños
Que hubiera pasado si ella hubiera visto una sonrisa en mi
cara
Pero no fue así
Bajé la mirada frunciendo el ceño
¿Qué podría haber hecho?
¿Podría haber ayudado a esa chica a no hundirse?
Todo lo que ella quería era una sonrisa
Una sonrisa que ahora soy feliz al dar
Una sonrisa que compartiré con los demás hasta que viva.

Anne Sherman.

El coraje no es la ausencia de miedo; es seguir adelante a pesar del miedo.

Esforzáos y conformáos; no temáis; no os de miedo el rey de Asiria y toda esa muchedumbre que trae, porque más son los que están con nosotros que los que están con él.

2 Crónicas 32:7.

Aquellos de vosotros que sois aficionados al boxeo y habéis visto a Evander Holyfield en el ring probablemente os asombrará saber que hasta que tenía diecisiete años tenía un miedo considerable a boxear. Al principio de su carrera, con un peso de ciento cuarenta y siete libras, fue tumbado por un gancho izquierdo. Pero se levantó y se lanzó contra su oponente con furia. Ese día soñó con el accidente y se dio cuenta de que no había sufrido dolor. De hecho, se había sentido ligeramente eufórico desde entonces. A partir de entonces, Evander Holyfield no tuvo jamás miedo a ser herido.

Esto, en parte, explica su total falta de miedo al enfrentarse a Mike Tyson. Sin embargo, Evander Holyfield, un hombre de gran fe, es un luchador disciplinado. Lleva una vida sana, su entrenamiento es muy duro, escucha los consejos de sus entrenadores y ha desarrollado la habilidad de saber golpear y recibir golpes. En su primera pelea con Tyson, al principio recibió muchos buenos golpes, pero después dio otros mucho mejores y de este modo ganó el campeonato.

Es interesante saber que la carrera de Holyfield comenzó para él después de haber sido tumbado. Cuando alguien "nos tumba" tenemos que usar eso como un trampolín para levantarnos y escalar mayores alturas.

Si aprendes de tu derrota, realmente no habrás perdido.

Da consejos al sabio, y se hará más sabio todavía; enseña al justo, y acrecerá su saber.

Proverbios 9:9.

Hace algunos años, Cal Ripkin, el bateador de los Baltimore Orioles, firmó un contrato de cinco años por 30 millones de dólares. Sin embargo, el año anterior, Cal sólo había conseguido un tanto de cada cuatro veces que había salido al campo. Ahora pensemos sobre esto por un momento. Si hubieras fracasado tres de cada cuatro veces en tu trabajo, ¿cómo te sentirías? ¿cuál sería la imagen que tendrías de ti mismo?

¿Cuál piensas que es la imagen que Cal Ripken tiene de sí mismo cada vez que sale a jugar? ¿Crees que piensa, *Chico, que perdida de tiempo, sólo tengo una oportunidad entre cuatro de conseguir el tanto?* ¿Crees que es eso lo que se dice a sí mismo? ¿Cuál es realmente su auto conversación?

Yo creo que cuando él sale al campo, tiene gran ilusión por enfrentarse al lanzador, y piensa para sí mismo, *Bien me venciste la última vez, pero tengo tu número en mi mente. He estado estudiándote, observándote, y da la casualidad de que soy uno de los mejores deportistas del mundo. ¡Ahora me toca a mí!*

Cal Ripkin se ve a sí mismo como un ganador, y es feliz porque sabe que tiene una oportunidad de serlo cada vez que sale al campo.

Ve tan lejos como llegue tu vista, y cuando llegues allí serás capaz de ver aún más lejos.

Me lanzo tras lo que tengo delante, mirando hacia la meta, hacia el galardón de la soberana vocación de Dios en Cristo Jesús.
Filipenses 3:14.

Una tarde en Sacramento, California, Richard Oates estaba en la lavandería rebuscando en los bolsillos unos centavos para echar en la lavadora y la secadora. En ese momento, un pensamiento golpeó su mente: *Tengo demasiado talento para estar en esta situación.*

Al día siguiente, fue a las oficinas de un modesto constructor y solicitó un empleo. Fue contratado para realizar la limpieza de las casas una vez terminadas. Ese primer día hizo más trabajo del que harían normalmente dos hombres, y su jefe le preguntó si tenía conocimientos suficientes para realizar los acabados. El contestó afirmativamente. Al día siguiente volvió a realizar más trabajo del que dos hombres hacían normalmente y entonces su jefe le ofreció el trabajo a jornada completa. Después de un año consiguió un trabajo con Ryland Homes. En cuestión de sólo tres años era supervisor de la compañía. Su deseo, junto con el de su esposa, mi hija Cindy, era vivir en Dallas, así que se trasladaron de nuevo aquí, y hoy hace un maravilloso trabajo siendo nuestro jefe de operaciones.

Dudo realmente que ese fuera el objetivo de Richard cuando se encontró a sí mismo rebuscando esos centavos en su bolsillo, pero lo importante en una vida de éxito es que comienza con un pensamiento el cual lleva a una acción. Cuando llevas las cosas hacia delante sin perder tiempo y con lo mejor de ti, las puertas se abren.

Cartel en las paredes de una iglesia en Baltimore: "Se procesará a los intrusos hasta donde la ley lo permita. Firmado, las Hermanas de la Misericordia".

Que diferente es el camino de la fe del camino de la ley, el cual dice que un hombre será salvo si obedece la ley de Dios, sin un desliz.

Gálatas 3:12.

Todos nosotros nos hemos encontrado alguna vez en las organizaciones gubernamentales o en muchas corporaciones con la mentalidad basada en "estas son las normas, siempre lo hemos hecho de este modo".

Quizás el ejemplo más extremo de burocracia a la fuerza que he oído ocurrió cuando un distinguido caballero vestido con vaqueros entró a un banco con la intención de realizar una transacción. El cajero se disculpó, y le explicó que no podía realizarse porque la persona que llevaba este tipo de transacciones no estaba ese día. Por lo tanto tendría que volver al día siguiente. Como esa operación era la única que el caballero quería realizar, se dispuso a marcharse no sin antes pedirle al cajero que validara su ticket para el aparcamiento.

El cajero educada pero firmemente le dijo que las normas del banco no permitían la validación del aparcamiento si el cliente no realizaba una operación financiera. El hombre le explicó que aquello era una excepción porque él había ido a realizar una transacción, pero el personal encargado no estaba. El cajero dijo, "Lo siento, pero son las normas."

Molesto por su implacable legalidad, el caballero decidió realizar una transacción. John Acres, entonces presidente de IBM, retiró el total de 1,5 millones de dólares que tenía en su cuenta. Salió del banco con su ticket de aparcamiento validado, y un cajero fue despedido con la absoluta convicción de que no sería tan legal en su próximo trabajo.

¿**N**o sería maravilloso

que nuestra mente

gruñera como nuestro

estómago cuando tiene

hambre?

*Preparad vuestras mentes para
la acción.*
Pedro 1:13.

Una de las más fiables y extensas fuentes de información proviene del material que leemos. Tenemos acceso a las más importantes mentes del mundo en cualquier campo en el que estemos interesados. Podemos leer a los brillantes hombres y mujeres que nos han precedido y a los que todavía viven entre nosotros. La cuestión es, "¿Sacamos partido de estos increíbles recursos?"

Desafortunadamente, la respuesta para al menos la mitad de nosotros es "no". El cincuenta y ocho por ciento de toda la gente de nuestra sociedad, cuando acaban su educación obligatoria, nunca más leen un libro a destacar. Eso es increíblemente trágico y absolutamente limitativo. Por otro lado, aquellos que participan en el programa "¿Quién es quien en América?" leen una media de veinte libros significativos en un solo año. Obviamente, en cinco años habrán leído cien libros escritos por grandes autoridades de todos los campos. Esto no sólo les proporciona información, sino que les da inspiración y les mantiene al tanto del progreso. Para resumir, son gente madura, progresista, con éxito, felices y sanos. Obviamente, esto no siempre es verdad, pero dadme 100 lectores contra 100 no lectores y cuando compares el curso de sus vidas, puedo asegurarte que los lectores habrán tenido más éxito en todos los campos de esas vidas.

La felicidad es como un beso. Tienes que darlo a alguien para conseguir algo bueno de él.

Lo que el hombre sembrare, eso cosechará.
Gálatas 6:7.

El pasado día de San Valentín, regalé a mi esposa unos dulces de merengue cubiertos de chocolate y envueltos en papel de colores, los cuales son algo que ha ella le encanta.

Le di uno nada más dejándolo a simple vista y ella sonrió porque sabía que, como siempre que jugamos a este juego, la búsqueda había comenzado. Escondí el resto en lugares a los que ella periódicamente acude – el bote del arroz, el congelador, el cajón de su mesita, algunas de sus prendas de vestir, etc.

Lo ingenioso sobre este simple y barato regalo es que durante al menos tres semanas oiré su bonita risa cada vez que descubra un nuevo dulce. Este caramelo en porciones tan pequeñas que no supone una amenaza para su dieta, sin embargo la diversión que ambos disfrutamos es considerable. Si ella descubre uno y yo estoy en casa, en seguida viene a darme un abrazo. El pasado noviembre celebramos nuestro cincuenta aniversario y, como continuaremos jugando a estos juegos si todavía estamos en este mundo, algún día celebraremos nuestro sesenta y después nuestro setenta aniversario de bodas. Creo que si todas las parejas casadas pusieran pequeños juegos como estos en sus vidas, se celebrarían muchas más Bodas de Oro.

Un sentido del humor
bien desarrollado es la
pértiga que te da
equilibrio
para avanzar mientras
caminas por la cuerda
floja de la vida.

William A. Ward.

*Corazón alegre hace buena
cara, pero la pena del corazón
abate el alma.*
Proverbios 15:13.

Una de mis anécdotas favoritas es esa que a veces cuento sobre el gimnasio donde voy a hacer ejercicio y a levantar pesas. A menudo cuento que tuve que dejar de levantar pesas porque estaba haciéndome tan corpulento que mucha gente pensaba que estaba tomando esteroides. Como norma general, esto provoca risa, sobre todo cuando dices que tienes setenta años. Sin embargo, si un hombre joven, fornido y sano de treinta años usara este ejemplo nadie se reiría.

Lo mismo ocurre con los chistes étnicos. Los judíos pueden contar chistes sobre otros judíos, y todo el mundo se ríe. Si algunos de nosotros bromea sobre "Bubba" la gente se reirá, pero cuando alguien de fuera de nuestro círculo cuenta chistes sobre nosotros, entonces se vuelve "racista" e insensible. También ocurre lo mismo cuando contamos ciertas historias sobre los miembros del sexo opuesto.

El hecho es que todo el mundo disfruta con un buen chiste, pero debemos tener cuidado de contarlo con buen gusto y asegurarnos de que no estamos siendo sexistas, racistas, ni estamos perjudicando a alguien de algún modo. Piensa sobre ello cuando des rienda suelta a tu humor, y esto te ayudará a escalar hasta la cima.

Sabes que estas en la cima cuando …

1.

Te has hecho amigo del
pasado, estás centrado
en el presente, y eres
optimista sobre el futuro.

*Dando al olvido a lo que ya
queda atrás, me lanzo tras lo
que tengo delante.*
Filipenses 3:13.

A finales de la temporada de baloncesto de 1996, Michael Jordan estaba orgulloso de poseer dos trofeos más como mejor jugador del campeonato. Había ganado uno por ser el jugador más regular de la temporada y otro por las series del campeonato.

Se había recuperado y se había sacudido todo el "óxido" que había acumulado durante los dieciocho meses que había pasado jugando en las ligas inferiores. Sin embargo, la historia va más allá. Cuando decidió volver a los Chicago Bulls durante la última fase de la temporada de 1995, tenía confianza en que rápidamente recuperaría la forma. Hay que admitir que tuvo momentos de brillantez en la pista, pero la mayor parte del tiempo debía hacer grandes esfuerzos. Después su retorno a la gloria fue frustrado por los Orlando Magic en las semifinales.

Estas experiencias desagradables tuvieron efecto sobre Jordan que dijo, "Los fracasos del año pasado me motivaron a recuperarme", e incluso agradeció al Orlando Magic por devolverle la iniciativa. Utilizó la adversidad de la derrota como un catalizador para entrenar con más fuerza en la pretemporada. Este año ha vuelto en lo más alto de su juego, y vuelve a ser el mejor jugador de baloncesto.

Bienvenido, Michael. Nos inspiras a todos a dar a la vida "un nuevo impulso" y a prepararnos mejor para afrontarla.

Sabes que estas en la cima cuando …

2.

Has hecho de tus adversarios tus amigos y has obtenido el amor y el respeto de aquellos que te conocen mejor.

Pero os digo a vosotros que me escucháis: amad a vuestros enemigos, haced bien a los que os aborrecen.

Lucas 6:27.

Un ejecutivo bastante ocupado estaba siendo presionado por su hijo de siete años para que le prestara atención, pero el padre seguía sin hacerle caso. En un último esfuerzo por lograr su atención. El joven dijo, "¿Quién te gusta más Batman o Superman? El padre sin ninguna paciencia contestó, "Oh, no lo sé. Superman supongo." Su hijo insistió, "Papá, ¿no vas a preguntarme quien me gusta más a mí?" El padre contestó, "De acuerdo hijo, ¿quién te gusta más?" Y el chico dijo, "El que más me gusta es Batman". El padre simplemente contestó, "Vale, eso está bien", Y volvió a su trabajo. Entonces el niño con un tono de súplica en su voz dijo, "Papá, ¿no vas a preguntarme por qué me gusta más Batman?" "De acuerdo, ¿por qué te gusta más Batman?" El chico respondió, "Porque Batman tiene un amigo".

Al oír esto el padre dejó a un lado su trabajo, miró a su hijo y dijo, "Tener un amigo es muy importante, ¿verdad hijo?" Y el chico respondió, "Si papá".

Esta historia nos enseña algo a todos nosotros, ¿no es verdad? Nunca he conocido a nadie que, al ser presionado, no admita que la amistad es un verdadero tesoro. La necesidad de compañía humana está presente en todos nosotros. Todos queremos a alguien a quien podamos llamar "amigo".

Sabes que estas en la cima cuando …

3.

Estás lleno de fe,

esperanza y amor, y vives

sin cólera, avaricia,

culpabilidad, envidia,

o deseos de venganza.

Ahora permanecen estas tres cosas: la fe, la esperanza, la caridad; pero la más excelente de ellas es la caridad.

1 Corintios 13:13

Mi oftalmólogo, Nathan L. Lipton, Doctor en Medicina, siempre corre una "milla extra" cada vez que me hace una revisión y siempre me da un informe completo sobre las condiciones de mis ojos. Además, siempre incluye en este informe algún consejo sabio sobre la vida. Por ejemplo, mi último informe incluía estas perlas:

Este año piensa primero en otra persona.
Complácete con la belleza y la maravilla de la tierra.
Escribe una carta de amor. Comparte algún tesoro.
Alegra el corazón de un niño. Da la bienvenida a un extraño.
Da gracias a Dios por lo que eres y por lo que tienes, Tanto si es grande como si es pequeño.
Soluciona una discusión dando una respuesta agradable.
Busca a un amigo olvidado.
Acaba con las sospechas y sustitúyelas por confianza.
Mantén una promesa. Encuentra el tiempo suficiente.
Pasa por alto el rencor. Perdona a un enemigo.
Discúlpate si estabas equivocado.
Escucha. Intenta comprender.
Examina tus demandas a los demás.
Aprecia. Se amable; se caballeroso.
Ríe un poco. Ríe un poco más.
Ama enteramente. Habla de tu amor.

Esto solo son indicios de una inmensa categoría, sólo son arañazos superficiales.

Son cosas simples; todas ellas las habrás oído antes; pero nunca has medido su influencia.

Este año, todas ellas pueden cambiar tu vida.

Sabes que estas en la cima cuando …

4.

Sabes que fracasar por mantener lo que es moralmente correcto es el preludio de ser la víctima de lo que es criminalmente incorrecto.

*Velad y estad firmes en la fe,
obrando varonílmente y
mostrandoos fuertes.*

1 Corintios 16:13.

Nuestra compañía imparte un cursillo llamado "YO PUEDO", que enseña iniciativa, honestidad, entusiasmo, responsabilidad, una actitud mental correcta, y otras características positivas. Charlie Pfluger, director de un colegio del centro de Indianapolis, Indiana, asistió a uno de nuestros seminarios y reconoció lo beneficioso que sería para su escuela si a sus alumnos se les enseñaran estas cosas.

Iniciaron un programa en el que daban a los chicos un dólar "YO PUEDO" cada vez que fueran vistos haciendo algo inusualmente bueno o amable. Si se les veía ayudando a un anciano a cruzar la calle, recogiendo la basura del patio del colegio, borrando las pizarras, o dando la bienvenida al colegio a algún alumno nuevo, conseguían un dólar "YO PUEDO". Cientos de ellos consiguieron una " camiseta de ganador."

De los 593 alumnos del colegio, 587 ganaron la "camiseta de ganador". Quinientas ochenta y siete camisetas podría considerarse un gasto excesivo, pero el resto de la historia sigue así: No hubo ni un solo atisbo de violencia o vandalismo, no se arrestó a nadie por posesión de drogas, las notas en general mejoraron y como el "YO PUEDO" enseña a los chicos a dar las gracias a sus padres por algo cada día, por primera vez profesores, estudiantes, y padres se unieron con un objetivo común. Cuando los chicos aprenden estos principios, están aprendiendo cosas que les prepararán para la vida.

Sabes que estas en la cima cuando ...

5.

Eres lo suficientemente maduro como para repartir satisfacciones y desviar tu enfoque desde la perspectiva de tus derechos a la de tus responsabilidades.

Más tenga obra perfecta la paciencia, para que seáis perfectos y cumplidos sin faltar en cosa alguna.
Santiago 1:4.

Todos nosotros nos hemos levantado alguna mañana, no teniendo "ganas" de ir a trabajar. Sin embargo, como somos individuos responsables, hemos salido de la cama, nos hemos dirigido a la cocina a por una taza de café, y sobre la marcha hemos llegado a la conclusión de que podemos sobrevivir. Nos vestimos, nos dirigimos al trabajo, y cuando llegamos nos ponemos manos a la obra. Dos horas después nos sentimos realmente bien. La acción proporciona el sentimiento.

No me malinterpretéis. No estoy sugiriendo que si sufrís de una enfermedad cardiaca o si os operaron ayer, deberíais levantaros e ir a trabajar. Eso sería ridículo. Lo que pretendo decir es que muchas veces cuando no estamos "de humor" para realizar una tarea inventamos algunos síntomas como no sentirnos bien, y si no tenemos cuidado, caemos en el auto compadecimiento y decidirnos mimarnos demasiado a nosotros mismos.

Mensaje: La responsabilidad y el compromiso son elementos clave para afrontar las obligaciones. El individuo responsable que se ha comprometido a hacer un trabajo o realizar una tarea lleva hasta el fin su compromiso para cumplir con su responsabilidad. Esa es una clave importante para lograr el éxito en la vida personal, familiar y profesional.

Sabes que estas en la cima cuando …

6.

Amas lo imposible de ser amado y das esperanza al desesperanzado, amistad al que no tiene amigos, y ánimo al desanimado.

*Un hombre que tiene amigos
debe ser amable por sí mismo.*
Proverbios 18:24.

Henry Lebow nos cuenta la historia de cuando compró un aparato de televisión. Sus vecinos se ofrecieron un sábado a ayudarle a poner la antena. La mayoría sólo tenían herramientas muy simples, de modo que no conseguían hacerlo. Entonces, uno de los vecinos que era nuevo en el bloque apareció con una caja de herramientas bastante completa. La caja contenía todo lo necesario para colocar la antena en un tiempo record. Mientras todos permanecían alrededor de la caja felicitándose por su buena suerte, Henry preguntó al nuevo vecino para que tenía una caja de herramientas tan profesional. El vecino sonrió y respondió, "Principalmente para hacer amigos".

¡Qué maravilloso ejemplo! ¿No sería maravilloso si cada uno de nosotros pensáramos siempre en hacer amigos y realizáramos acciones tan simples como ésta solo para conseguirlos? Quizás cosas como llevarle comida a un preso. O si ha habido un funeral en la familia llevar comida preparada para que los familiares no tengan que cargar también con ello.

El mejor modo de hacer amigos es ser amable. Puede empezar con una simple sonrisa, un cortés "hola", o una palabra de ánimo. Es sorprendente el impacto que tendrá el hecho de que dediques a alguien una palabra amable o una simple acción de amabilidad.

Sabes que estas en la cima cuando …

7.

Sabes que el éxito no te construye, y el fracaso no te destruye.

Dando al olvido lo que queda atrás, me lanzo tras lo que tengo delante, mirando hacia la meta, hacia el galardón de la soberana vocación de Dios en Cristo Jesús.

Filipenses 3:13-14.

El fracaso puede y debería ser un motivador. El Dr. J.Allan Petersen dijo esto mucho mejor. "Todos nosotros en un momento u otro nos hemos sentido un completo fracaso. Muchos han permitido que el miedo al fracaso les destruya. Realmente el miedo es mucho más destructivo que el fracaso en sí y en cualquier faceta de la vida, el miedo al fracaso puede derrotarte antes de que empieces a luchar."

¿Qué nos hace tener tanto miedo al fracaso? Es la preocupación sobre lo que piensen los demás. "¿Qué dirán?" nos preguntamos, como si eso fuera la última consecuencia del fracaso. Asumimos que cuando hemos cometido uno o varios errores, ya somos un fracaso y por tanto somos desgraciados para siempre. ¡Qué presunción más ridícula! ¿Cuánta gente tiene éxito en todas las facetas de su vida? Ninguna. Los que consiguen mayor éxito son aquellos que aprenden de sus errores y los convierten en oportunidades.

Un fracaso significa que has realizado un esfuerzo. Eso es bueno. Los fracasos te dan la oportunidad de aprender un modo mejor de hacer lo que te propones. Eso es positivo. Un fracaso te enseña algo y te da experiencia. Eso ayuda mucho. El fracaso es un hecho, no es una persona; una actitud, no un resultado; un inconveniente temporal; un escalón. Nuestra respuesta hacia el fracaso determina lo útil que éste nos puede ser.

Sabes que estas en la cima cuando ...

8.

Estas en paz con Dios

y con el hombre.

*Justificados, pues, por la fe
tenemos paz con Dios por
mediación de nuestro Señor
Jesucristo.*

Romanos 5:1

¿Funcionan realmente la "fe" y/o la "religión"? ¿Son efectivas? Un estudio dirigido en 1988 por el Dr. Randolph Bird, un cardiólogo de la Facultad de Medicina en la Universidad de California en San Francisco, dijo rotundamente, "Sí". El Dr. Bird comprobó el impacto que se producía cuando alguien rezaba por un enfermo y lo hizo considerándolo como un nuevo tipo de medicación. Comprobó los efectos en casi 400 pacientes que habían sufrido dolores en el pecho y/o ataques cardiacos. La mitad, que tenían a alguien que rezaba por ellos, presentaron muchas menos complicaciones, necesitaron mucha menos medicación, y se recuperaron mucho más rápido.

El problema básico que la mayoría de gente tiene cuando reza es que casi siempre esperan una respuesta positiva. Muchas veces cuando Dios dice "no", el "no" se convierte en la mejor respuesta para nosotros. Recuerdo dos ocasiones en las que yo recé mucho por dos cosas específicas. Al cabo de un año aprendí que si Dios hubiera dicho "sí" a mi primera petición, habría supuesto un desastre para mí. Me llevó cinco años, pero más tarde comprendí que si El hubiera dicho "sí" a mi segunda petición, también habría sido un desastre.

Esa es la razón por la que siempre deberíamos rezar por lo que Dios hará. El tiene una visión de lo que sucede en todas partes mucho mas amplia que nosotros.

Sabes que estas en la cima cuando …

9.

Comprendes claramente
que el fracaso es un
hecho, no una persona;
que ayer acabó la pasada
noche, y que hoy es un
flamante nuevo día.

*Su amor se renueva todas las
mañanas. Grande es tu
fidelidad.*
Lamentaciones 3:23.

Corría el año 1888 y el City College de Nueva York estaba jugando un partido de béisbol contra el Manhatan College. El primer bateador del CCNY era un estudiante apodado "Home Run Lefty". Casi al final del partido, este jugador bateó con las bases ocupadas. Golpeó la pelota por encima de las cabezas de sus competidores, permitiendo así a los corredores que había tras él marcar.

"Home Run Lefty" también corría alrededor de las bases, intentando desesperadamente marcar el tanto. El pitcher estaba cubriendo su base y cogió el lanzamiento justo en el momento en que el bateador se deslizaba sobre él, sacando la pelota practicamente de las manos del pitcher.

Una discusión se desató entre los dos equipos. Durante la riña, a "Home Run Lefty" le golpearon en la cabeza con un bate. Desafortunadamente, el golpe perjudicó su audición para siempre.

La ambición de "Lefty" había sido ir a la Academia Militar de los Estados Unidos. Sin embargo, cuando perdió el oído tuvo que abandonar su sueño y dirigió todas sus energías hacia los negocios. A la edad de treinta años ya había amasado una fortuna y siguió adelante hasta llegar a ser uno de los hombres más ricos del mundo.

"Home Run Lefty" se sintió enormemente disgustado pero no permitió que esto le detuviera. Recuerda: El modo en que reaccionas después de que te ocurran las cosas es lo que marcará la diferencia en tu carrera.

Sabes que estas en la cima cuando …

10.

Sabes que "el más

grande entre vosotros

debe ser el siervo

de todos."

*Si alguno de vosotros quiere ser
grande, sea vuestro servidor.*

Marcos 10:43.

Si eres aficionado al golf, recordarás que John Daly ganó el Open Británico en 1995. Lo que no sabrás es que hubo algunos "héroes desconocidos" involucrados en aquello – Corey Pavin, Brad Faxon, Bob Estes, Mark Brooks, y el cadi. Los primeros cuatro eran jugadores que habían participado en el campeonato pero no habían pasado las eliminatorias.

Estas cuatro personas junto con el cadi, animaron a John y le hicieron saber que creían en él y en que él iba a ser el ganador, y el cadi estuvo allí para ayudarle a descifrar las complicaciones de los greens británicos. Pon todo eso junto, más el hecho de que Daly estaba jugando inusualmente bien ese día, y tendrás la razón por la que ganó el Open Británico. Es verdad que Daly obtuvo toda la publicidad y todo el dinero, pero la cuestión es, "Si todas esas personas no hubieran estado tras él, ¿habría ganado?" El ánimo que otros nos dan marca una terrible diferencia en lo que somos capaces de hacer.

John Daly se sintió bien por haber ganado, Y Corey Pavin, Brad Faxon, Mark Brooks, Bob Estes y el cadi se sintieron bien por que hubiera ganado.

La medida de un hombre no es el número de sirvientes que tiene, sino el número de gente a las que él sirve.

Sabes que estas en la cima cuando ...

11.

Eres agradable con el malhumorado, cortés con el rudo, y generoso con el necesitado porque sabes de los beneficios que recibirás a largo plazo.

Haced justicia al débil y al huérfano; tratad justamente al desvalido y al menesteroso.

Salmos 82:3.

Roberta Rich nos cuenta una fascinante historia sobre su vecino apodado "pobrecillo", un hombre de pelo gris que vivía solo en la casa de la esquina siempre castigada por el viento.

Timmy quería una bicicleta, pero no tenía dinero para comprarse una. Para conseguir dinero, empezó a ir de casa en casa, recogiendo periódicos viejos para venderlos. Sin embargo, Timmy nunca paraba en la casa del "viejo pobrecillo".

Un día, mientras Timmy empujaba su carretilla por la callejuela, vio un montón de papeles apilados hasta casi tocar el techo en el garaje del viejo. "¡Guau!" pensó, "me pregunto por que los dejará ahí".

Al día siguiente Timmy se levantó con el suficiente valor como para tocar el timbre del viejo. Para sorpresa del chico, el "viejo pobrecillo" le invitó a pasar y le preguntó por qué estaba interesado en sus periódicos. Timmy le explicó su propósito, y el viejo murmuró diciendo, "Una bicicleta, ¿eh? Bien, estos periódicos también eran para conseguir una bicicleta. Sin embargo ya tengo artritis en mis rodillas y no podría montar en bicicleta, por tanto puedes llevártelos tú."

No emitáis juicios a la ligera. Quizás los "viejos pobrecillos" que nos encontramos a lo largo de nuestra vida tienen un punto sensible que necesita ser tocado con un poco de amabilidad y atención. Dáles lo que necesitan (amabilidad y atención) y seguirás adelante en el juego – y también seguirán adelante los "viejos pobrecillos".

Sabes que estas en la cima cuando …

12.

Reconoces, confiesas, y utilizas las habilidades físicas, mentales, y espirituales que Dios te ha dado para la gloria de Dios y para el beneficio de la humanidad.

Todos tenemos dones diferentes, según la gracia que nos fue dada.
Romanos 12:6.

La mayoría de la gente en América, indiferentemente de su edad, reconocen los nombres de Nat "King" Cole y Will Rogers.

Nat "King" Cole empezó su carrera tocando el piano – no como cantante. Una noche en San Francisco el cantante de su compañía no podía cantar por un dolor de garganta. El propietario del pequeño club les dijo que si no había cantante no tendrían su cheque. Esa noche Nat "King" Cole se convirtió en cantante.

Will Rogers era un vaquero auténtico pero se dedicaba a hacer trucos con las cuerdas como artista. En sus primeros cinco años en el escenario de los clubs, realizó estos trucos. Pero una noche alguien desde el público le hizo una pregunta y su respuesta hizo que la sala estallara en carcajadas. Will Rogers, el humorista, había empezado su carrera.

Las oportunidades son buenas aunque no sepas interpretar una melodía o hacer trucos con una cuerda. Al igual que estos dos hombres habían desarrollado su talento dentro de ellos, estoy convencido de que tú tienes habilidades desconocidas.

Mensaje: No te vendas por tan poco. Recuerda que el hombre fue creado con capacidad para el éxito, y está dotado con las semillas de la grandeza. Ese truco o esa canción están dentro de ti. No, quizás no puedas interpretar una melodía, pero sí tienes una canción que cantar.

Sabes que estas en la cima cuando …

13.

Te plantas ante el creador del universo, y el te dice, "bien hecho, mi buen y leal sirviente".

Y su amo le dice: Muy bien, siervo bueno y fiel; has sido fiel en lo poco, te constituiré sobre lo mucho; entra en el gozo de tu señor.

Mateo 25:21.

El éxito, la fama, y el reconocimiento le llegaron a Harvey Pennick al final de su vida. Cuando empezó su carrera allá por el año 1920, Pennick compró una libreta roja y comenzó a anotar sus observaciones sobre el juego del golf y sobre la gente que lo jugaba. En 1991 finalmente compartió sus notas con un escritor local y le preguntó si pensaba que valdría la pena publicarlo. El escritor, por su parte, se lo enseñó a Simon &Schuster y le dejó el recado a la esposa de Pennick de que el editor estaba de acuerdo en editar el libro por un adelanto de 90.000 dólares.

Al día siguiente cuando el escritor vio a Pennick, parecía preocupado y le explicó que debido a sus muchos gastos médicos no podía permitirse adelantar a Simon & Schuster los 90.000 dólares. Este hombre modesto obviamente pensaba que Simon & Schuster le estaba pidiendo 90.000 dólares en vez de ofrecérselos.

Es realmente maravilloso ver a alguien con su increíble talento conservar la modestia hasta el punto de no poder creerse que un editor le fuera a pagar esa cantidad de dinero de adelanto. Del libro se vendieron cerca del millón de copias. A pesar de ello, Harvey Pennick, el gran profesor, siguió siendo modesto. Ese es un rasgo maravilloso que todos deberíamos desarrollar.

Sobre el autor

 Zig Ziglar, uno de los comunicadores más famosos de nuestros días es conocido como "motivador de motivadores". Más de tres millones de personas han asistido a sus presentaciones en directo, y otros muchos millones se han visto inspirados por sus casetes y sus cintas de vídeo formativas. Como prolífico autor, Zig ha vendido más de cuatro millones de libros en todo el mundo, y su columna "La Palabra Alentadora de Zig Ziglar", aparece cada día en los periódicos de todo el mundo. Su larga lista de premios incluye el de "Comunicador del Año" otorgado por los Ejecutivos Internacionales de Ventas y Marketing. Pero lo que hace a Zig sentirse más orgulloso es su feliz matrimonio que ya dura cincuenta años con su esposa Jean, a quien llama cariñosamente "Sugar Baby".

Para obtener información adicional sobre sus seminarios, sus conferencias, o simplemente para escribir al autor, por favor dirijan sus cartas a:

Zig Ziglar
3330 Earhart, Suite 204
Carrollton, TX 75006-5026

PROYECTO
LIBROS POR UN MUNDO MEJOR

«Una de las compensaciones más hermosas de esta vida es,
que ninguna persona puede tratar honradamente de ayudar a
otra, sin ayudarse a si misma».

Ralph Waldo Emerson

Todos los que formamos la gran familia de VS EDICIONES, estamos firmemente convencidos de que ayudar a los demás, es a su vez ayudarse a uno mismo. Al ayudar a quien lo necesita, estamos contribuyendo a hacer del Mundo un lugar mejor donde vivir para todos. A lo largo de la historia miles de personas han visto como la lectura de un buen libro ha impactado y cambiado positivamente sus vidas. Este es el propósito del proyecto *«Libros por un mundo mejor»*. A través de este proyecto, en VS EDICIONES destinamos el 10 por ciento de los beneficios de las ventas de cada una de las obras que publicamos a ir continuamente realizando ediciones especiales de nuestros libros y audio-casetes de autoayuda y superación personal, que son donados a las comunidades más necesitadas y desfavorecidas (orfanatos, asilos, cárceles, paises en vías de desarrollo, etc...). Estas donaciones son utilizadas para crear bibliotecas con el fin de aportar una chispa de esperanza a los más desfavorecidos y ayudar al impulso de los paises en vías de desarrollo.

«Porque la solidaridad es la única salida, seamos siempre
solidarios con quienes necesitan de nuestra ayuda.»

VS Ediciones *«Libros que cambian vidas»*

VS EDICIONES ● Marededeu del Carme, 6 ● 03203 ELCHE (Alicante)
Teléfono atención al cliente: **900 712 239** (Llamada gratuita)
Visítenos en Internet: **www.vsediciones.com**